Regina Vogelsang

Einfallsreicher Französischunterricht Lernjahr 1–3

Mystery, Quiz & Co. –
mit sofort einsetzbaren Materialien
Lehrplaninhalte kreativ vermitteln

2. Auflage 2024

Autorin: Regina Vogelsang
Covergestaltung: annette forsch konzeption und design, Berlin
Umschlagfoto: stockadobe.com, redchocolatte
Illustrationen: Steffen Jähde, Kristina Klotz
Satz: Satzpunkt Ursula Ewert GmbH, Bayreuth
Druck und Bindung: Joh. Walch GmbH & Co KG, Augsburg
ISBN 978-3-403-**08893**-6

www.auer-verlag.de

INHALTSVERZEICHNIS

Bonjour aux profs de français,

alle Lehrkräfte, die Französisch unterrichten, wollen, dass ihre Schüler und Schülerinnen stets motiviert in ihrem Unterricht sitzen, nicht nur in den ersten Wochen, wenn das Erlernen der neuen Sprache sie noch begeistert. Genau hier setzt die Handreichung **„Einfallsreicher Französischunterricht Lernjahr 1–3“** an:

11 Vorschläge zum **spielbasierten** sowie **kreativen Lernen** sollen helfen, Ihren Französischunterricht weiterhin **motivierend** zu gestalten. Die hier vorgestellten Spiele und Aufgabenformate sind **in der Praxis mit Erfolg erprobt**, d. h. die Lernenden reagierten **positiv** auf ihr Lernerlebnis : „… das hat aber Spaß gemacht!“. Sicherlich finden sich die Gründe darin, dass in dieser Form des Französischunterrichts

- sie die französische Sprache **ganzheitlich** mit Kopf, Hand und Herz lernen.
- sie ihr **Sprachhandeln spielerisch** und **interaktiv** erleben.
- die **Fertigkeitsschulung integrativ** gefördert wird.
- sie hier **selbstgesteuert** lernen können.
- ihr **Sprachbewusstsein** durch einen **kreativen Umgang** mit der französischen Sprache initiiert wird.

Die Darstellung der Methoden, Spiele und Anregungen gestaltet sich wie folgt:

- Jedem Unterrichts-Verfahren / Spiel sind **Kompetenzschwerpunkte** zugeordnet.
- Vorab werden die jeweiligen **Lernvoraussetzungen** für die entsprechenden Lernjahre 1–3 bestimmt.
- Es folgt eine **Sachanalyse**, d. h. die Beschreibung des Spiels, des Bildes bzw. des Operationsobjektes.
- Ein möglicher **Ablauf der Stunde** mit **methodischen Hinweisen** wird skizziert sowie sämtliche **Materialien als Kopiervorlagen** bereitgestellt, insbesondere **differenziert** für unterschiedliche **Lernjahre.**
- **Didaktische Überlegungen** liefern den **lerntheoretischen Hintergrund** zu den einzelnen Lernspielen und Formaten.
- *Somme toute* werden **weiterführende Unterrichtsverfahren** angeregt, wobei **digitale Medien** zum Einsatz kommen, sofern es der didaktische Ort erfordert.

Il me reste de vous souhaiter de réaliser quelques-unes de ces méthodes de ludification dans votre cours de français pour que vous et vos élèves soient toujours contents!

Bien cordialement

Regina Vogelsang

INFORMATIONEN FÜR DIE LEHRKRAFT

Kompetenzen: Sprechen

EINBETTUNG IN DEN LEHRPLAN

- 1. Lernjahr:
  Die Schüler sprechen über folgende Themen: *ma famille et moi/ma chambre/notre maison, appartement/mes activités, hobbys/ma rue, mon quartier/mon collège/mon anniversaire/mon animal/mes vacances/mon plat préféré*
  Weitere Vorkenntnisse zum Spiel: Verwendung der Verben im *présent* und *futur composé* sowie der *vocable j'aimerais*

- 2. Lernjahr:
  Die Schüler sprechen über folgende Themen: *mon look/mes ami(e)s/mes idoles/mon portable/ma musique/ma journée/mon week-end/ma ville/mes langues/mes fêtes/mes voyages*
  Weitere Vorkenntnisse zum Spiel: Verwendung der Verben im *présent* und *passé composé*

- 3. Lernjahr:
  Die Schüler sprechen über folgende Themen: *mon livre, film préféré, ma série préférée/mes conflits/mes amours/mes rêves/mes voyages/mes projets d'avenir/mes aventures/mon enfance/le sport/les sites touristiques*
  Weitere Vorkenntnisse zum Spiel: Verwendung der Verben im *présent, imparfait, conditionnel, subjonctif, futur simple*

SPIELANLEITUNG

Das Spiel *la parlote* wird auf einem **Spielplan mit 22 Feldern** gespielt, von denen auf **8 Feldern** die Aufforderung ***parle!*** steht (siehe Spielplan **M1**) In der Mitte des Spielplans liegen auf einem Stapel **Redekarten** (*cartes de communication*).
(jeweils 15 pro Lernjahr (siehe **M2/M3/M4**)
Zum Spielen werden **Würfel** *(les dés*) und **Setzsteine** (*les pions)* benötigt.
Die Schüler spielen in **Kleingruppen** von 3–4 Lernenden. Sie würfeln reihum und setzen ihre *pions* entsprechend der Augenzahl auf dem Würfel, gelangen sie dabei auf ein Feld *parle!*, müssen sie eine **Redekarte ziehen** und zu dem dort **vorgegebenen Thema sprechen**,(s. o. Themen 1.–3. Lernjahr). Bewältigen sie die Sprechleistung, rücken sie **ein Feld vor**, falls nicht, müssen sie **zwei Felder zurückgehen**. Über Erfolg bzw. Misserfolg urteilen die jeweiligen Mitschüler in der Spielgruppe. (In der Regel sind Lernende strenger in der Bewertung von Schülerleistungen als ihre Lehrer… *Honi soit qui mal y pense!)* Gewonnen hat, wer zuerst das Ziel (*but*) erreicht.

STUNDENVERLAUF/METHODISCHE HINWEISE

Zu Beginn wird das **Spiel kurz erklärt** (dafür Spielplan projizieren), die **Schüler in Kleingruppen** eingeteilt und das **Spielmaterial** ausgehändigt.
Der Verlauf der Stunde kann in drei Phasen erfolgen.

1. Phase: **Die Spielgruppen spielen eine Runde im „geschützten Raum"**, d. h. ohne Korrekturen durch die Lehrkraft, die sich während des Spiels Notizen zu Fehlerschwerpunkten macht. (Spieldauer ca. 20 Minuten)

2. Phase: **Die Spielkarten** werden im Klassenverband **exemplarisch** beantwortet und nunmehr erfolgen **gezielte Fehlerkorrekturen**.

3. Phase: Die Schüler spielen **erneut eine Runde**, wobei dieses Mal ein Mitspieler die Rolle des ***observateur-correcteur*** übernimmt und entscheidet, ob erfolgreich gesprochen wurde. (Spieldauer ca. 15 Minuten)

Erfahrungsgemäß sollte für diese Vorgehensweise ca. 60 Minuten geplant werden.

DIDAKTISCHE ÜBERLEGUNGEN

Der Sinn des Spiels *la parlote* ist die **Förderung des freien Sprechens**, die Königsdisziplin des Fremdsprachenerwerbs.
Um den Schülern zu helfen, sich spontan äußern zu können, sind auf den Redekarten stets als *déclencheur* **Sprachstrukturen zum Sprechanlass** vorgegeben.
Ferner soll die im Stundenverlauf bereits angelegte **Progression** vom Sprechen im „geschützten Raum" zur wiederholten Anwendung von sprachlichen Äußerungen die kommunikative Fertigkeit Sprechen fördern.
Eine **weitere Möglichkeit der Progression** zum tatsächlich freien Sprechen besteht in der **spielerischen Übung *60 secondes*,** die nach dem Spiel, aber auch in einer folgenden Unterrichtsstunde, den Lernenden angeboten werden kann. Hierbei ziehen einzelne Schüler eine Redekarte aus dem Spiel *la parlotte* und sollen dann eine Minute, also *60 secondes,* über das bestimmte Thema sprechen.
Zur besseren Bewältigung der Zeitspanne (eine Minute erscheint beim Sprechen in der Fremdsprache endlos …) können den Schülern **Füllwörte**r wie *alors/eh bien/quoi encore/ en fait/voilà* etc. „in den Mund gelegt" werden, wodurch das Sprechen authentischer wird. Gelingt Lernenden diese Herausforderung, sollte ihnen der Applaus ihrer Mitschüler und ein Lobkärtchen (z. B. *formidable/épatant/remarquable*) seitens ihres Lehrers sicher sein.
Bei Bedarf kann noch eine ***correction minute*** erfolgen. Diese Übung eignet sich für Lernende ab dem 2. Lernjahr.

M1 SPIELPLAN LA PARLOTE

Parle!

Parle!

Parle!

Parle!

Parle!

cartes de communication

Parle!

Parle!

Parle!

Départ

But

M2 REDEKARTEN FÜR DAS 1. LERNJAHR

Parle de toi.
▶ *Je m'appelle …*
et j'ai …

Parle de ta famille.
▶ *J'ai … frère/sœur*
On habite …

Décris ta chambre.
▶ *Dans ma chambre*
il y a …

Décris ton collège.
▶ *Dans mon collège*
il y a … / on a …

Parle de tes hobbys.
▶ *J'aime …*
▶ *Je fais …*

Décris ton quartier.
▶ *Dans mon quartier*
il y a … / on trouve

Qu'est-ce que tu vas faire pendant les vacances ?
▶ *Je vais partir …*
▶ *Je vais rester …*

Comment vas-tu fêter ton anniversaire ?
▶ *Je vais inviter …*
▶ *Ma famille va faire…*

Décris votre appartement/maison.
▶ *On habite …*
où il y a …

Qu'est-ce que tu aimes manger ?
▶ *Moi, j'aime manger…*

Qu'est-ce que tu fais le week-end ?
Le week-end
▶ *je sors avec …*
▶ *je joue …*
▶ *on fait …*

Décris ta rue.
▶ *Dans ma rue*
il y a …

Qu'est-ce que tu fais après l'ecole ?
▶ *Après l'école*
je fais d'abord …
▶ *Je vais chez …*

As-tu un animal ?
▶ *Oui, j'ai …*
▶ *Non, mais j'aimerais …*

Parle de tes profs.
▶ *Mes profs sont …*
▶ *J'aime mon/ma prof*
de …

M3 REDEKARTEN FÜR DAS 2. LERNJAHR

Décris ta ville.
- *…, c'est une grande/petite ville où il y a …*
- *On y trouve …*

Présente ton idole.
- *Mon idole, c'est …*
- *Il/elle joue/chante/porte …*

Parle de tes dernières vacances.
- *J'ai été en/au/à …*
- *On a passé (deux) semaines chez …*

Qu'est-ce que tu as fait hier ?
- *D'abord, j'ai fait …*
- *Puis je suis allé(e) …*
- *Ensuite on a joué/chatté avec …*

Décris ton look.
- *Moi, j'aime porter …*
- *Ma couleur préférée, c'est …*
- *Je n'aime pas …*

Qu'est-ce que tu aimes comme musique ?
- *Moi, j'adore écouter …*
- *Ma musique préférée, c'est …*

Caractérise ton meilleur copain/ta meilleure copine.
- *Il/Elle s'appelle …*
- *Il/Elle est …*
- *Ensemble on fait. toujours …*

Quelles langues sais-tu parler ?
- *Je parle allemand et*
- *aussi …*
- *un peu …*
- *j'apprends …*

Dans quels pays as-tu déjà passé des vacances ?
- *J'ai déjà été en/au(x)/à …*
- *Ma famille et moi, on est allés aussi …*

Décris ta journée en semaine ?
- *Je me lève à … heures*
- *Puis je prends …*
- *Ensuite je vais …*
- *Après …*

Parle de tes activités sur ton portable.
- *Je chatte …*
- *Je surfe sur …*
- *Je fais …*

Es-tu déjà allé(e) à une boum ?
- *Oui, j'ai été à la boum de … où tout le monde …*
- *Non, mais j'aimerais bien parce que …*

Quelles matières scolaires (n')aimes-tu (pas) ? Dis pourquoi.
- *J'aime beaucoup … parce que …*
- *Je n'aime pas du tout … parce que …*

Parle de tes fêtes pour Noël/la fin de Ramadan.
- *Chez nous, on fête …*
- *Tous ensemble, on mange …*
- *Toute la famille …*

En quoi dépenses-tu ton argent de poche ?
- *J'achète …*
- *Je le dépense en …*
- *J'économise pour …*

M4 REDEKARTEN FÜR DAS 3. LERNJAHR

Parle d'un film qui t'a beaucoup plu ou de ta série préférée.
▶ *J'ai vu … et ce film m'a beaucoup plu parce que …*
▶ *Ma série préférée, c'est … parce que …*

Parle d'un livre que tu as lu dernièrement.
▶ *J'ai lu … et je l'ai beaucoup aimé parce que …*
▶ *À l'école on devait lire …*
▶ *Il s'agit de …*

Qu'est-ce que tu aimerais faire après le bac/l'école ?
▶ *J'aimerais faire … Je voudrais aller …*
▶ *Mes amis et moi, on aimerait …*

Parle de ton enfance.
▶ *Quand j'étais petit/e …*
▶ *Je jouais toujours*
▶ *J'allais …*
▶ *Ma famille …*

Décris les sites de ta ville. Lesquels sont à voir ?
▶ *Ce qui est vraiment à voir, c'est …*
▶ *Il faut aussi visiter …*

Imagine ta vie à l'âge de 20 ans.
▶ *Quand j'aurai 20 ans*
▶ *Je serai …*
▶ *Je me vois …*
▶ *J'aurai …*

Qu'est-ce qui t'énerve le plus ?
▶ *Ce qui m'énerve, c'est …*
▶ *Ma mère/mes profs/mon frère m'énerve(nt) parce qu'il/s/elle/s …*

Décris le garçon/la fille de tes rêves.
▶ *Il faut qu'il/elle soit …*
▶ *Il (n')est (pas) important que …*

Qu'est-ce tu changerais si tu étais politicien(ne) ?
▶ *Si j'étais … Je m'occuperais de …*
▶ *Je donnerais … à …*
▶ *Je ferais plus pour …*

Parle de tes vacances de rêves.
▶ *… ça serait d'aller …*
▶ *Je voudrais faire …*
▶ *Visiter …, c'est mon plus grand rêve*

As-tu déjà connu le harcèlement sur Internet ?
▶ *Oui, on m'a insulté …*
▶ *Non, moi personnellement pas, mais je connais …*

Parle d'une aventure que tu as vécue/ou bien un copain/une copine.
▶ *Une fois, on est allés …*
▶ *L'été dernier, j'ai fait …*
▶ *Mes copains ont rencontré …*

Quel sport t'intéresse le plus ?
▶ *Ce qui m'intéresse, c'est*
▶ *Moi, je pratique …*
▶ *Je regarde surtout …*

Aimerais-tu être quelqu'un d'autre/ par exemple une star ?
▶ *Je voudrais bien être …*
▶ *Non, je suis …*

Qu'est-ce qui te rend heureux/se ?
▶ *Je suis heureux/se quand/si …*
▶ *… me rend heureux/se*

INFORMATIONEN FÜR DIE LEHRKRAFT

Kompetenzen: Sprechen/Text- und Medienkompetenz

EINBETTUNG IN DEN LEHRPLAN:

Die Schüler verstehen den Inhalt des Gedichts „*Le cancre*", füllen die dort vorhandenen Leerstellen mit eigenen Redebeiträgen, stellen *le poème* szenisch dar und filmen ihr *mini-drame.*

LE CANCRE (M1) – UNE EXPLICATION DE TEXTE ET PLUS

Das Gedicht ***le cancre***, geschrieben vom großen französischen Poeten **Jacques Prévert** im vergangenen 20. Jahrhundert, spiegelt dennoch die aktuelle Lebenswelt von Kindern in der Schule wider:
Ein **Schüler**, nicht gerade glücklich in seinem Schulleben, verträumt und nicht besonders lernwillig, wird von seinem **Lehrer** vor der gesamten Klasse zum Lernstoff abgefragt. Anstatt zu antworten, fängt er plötzlich lauthals zu lachen an und wischt alle auf der Tafel stehenden Aufgaben ab. Seine **Mitschüle**r buhen ihn aus, sein Lehrer droht ihm und er – der Faulpelz zeichnet *le visage du bonheur* (vgl. Z. 17), vielleicht eine Blume, ein Herz oder ein lachendes Emoji, an die Tafel.
Dieser Schüler opponiert gegen die Schule (vgl. Z. 4*: il dit non au professeur*), vor allem aber gegen deren Inhalte (vgl. Z. 10,11: *les chiffres et les mots/les dates et les noms).* Er, der „Loser", der sicherlich über andere Fähigkeiten verfügt (vgl. Z. 3: *il dit oui à ce qu'il aime*), steht den Wunderkindern*, les enfants prodiges* (vgl. Z. 14), diametral gegenüber, denen, die vielleicht nur im schulischen Lernen angepasster sind.
Prévert verwendet in seinem Gedicht eine **einfache Sprache**, die durch die Verwendung des *présent* und einer einfachen Syntax für die Französisch-Lernenden im 2. bzw. 3. Lernjahr leicht zu erschließen ist.
Das Gedicht beschreibt in seiner Kürze ein **Mini-Drama**, wodurch es sich zur **szenischen Darstellung** im Französischunterricht besonders eignet. Folgende **Leerstellen** können zur Dramaturgie*, mise en scène* genutzt werden: (siehe **M3** Vorschläge)

- Le cancre: Was denkt, fühlt er/sie? Was sagt er/sie? Was macht er/sie?
- Le/la prof: Was denkt, fühlt er/sie? Was sagt er/sie? Wie reagiert er/sie?
- Les enfants prodiges/les camarades: Was rufen sie ihm zu?

STUNDENVERLAUF/METHODISCHE HINWEISE

Préverts Wortwahl entspricht dem ***français fondamental***. Die meisten im Gedicht verwendeten Wörter sollten den Schülern im 2. und durchaus im 3. Lernjahr Französisch bekannt sein. Einige wenige unbekannte Vokabeln sind unter dem Gedichttext erläutert (siehe *vocabulaire* **M1**). Zudem erschließt sich der Inhalt mittels der **szenischen Darstellung**, d. h. mit Gestik/Mimik und Intonation **durch die Lehrkraft** zu Beginn der Stunde. Dabei haben die Schüler noch nicht die schriftliche Form vor Augen, damit sie sich auf den Klang der Sprache sowie der Dramaturgie konzentrieren. Dem Lehrer kommt hier die Rolle des **Schauspielers** zu – einerseits um das sofortige Verständnis der Handlungen im Gedicht zu bewirken – anderseits um dadurch den Lernenden zu vermitteln, dass auch sie Theater spielen werden.
Erst danach lesen sie *le cancre* und äußern sich zum **Inhalt des Gedichts** in einem ***tableau à questions*** (siehe **M2**). Dieser Lernschritt bereitet sie auf die Erarbeitung der Leerstellen vor, zu denen sie die unterschiedlichen Rollen (*cancre/prof/camarades*) sprachlich ausgestalten werden.
Die **Leerstellen** werden von der Lehrkraft im Text deutlich gekennzeichnet und die Lernenden finden **Redebeispiele für die Figuren** (vgl. **M3 *rôles de la mise en scène***).

In **Gruppen zu sechst** entscheiden sich nun die Schüler für eine **Rolle**: *poète* – trägt das Gedicht vor unter Einhaltung der szenischen Ausgestaltung der Leerstellen *cance/prof/camarades* (drei Schüler – von denen einer der Kameramann sein wird). Ihre *rôle* notieren sie auf **farbige Karten** (z. B. rot für *cancre,* blau für *prof,* gelb für *camarades,* grün für *poète*). Durch diese farbliche Zuordnung werden Einhilfen und Korrekturen erleichtert. Insbesondere leistungsstärkere Schüler haben mitunter andere Ideen zur sprachlichen Gestaltung ihrer Rolle, sodass die **Lehrkraft** während dieser Phase **Korrekturen** vornehmen sollte, bevor die Schüler dann **ihre Rolle auswendig lernen**.
Auch in der Phase der ***répétition de la mise en scène*** wird sie in den Schülergruppen immer wieder die Aussprache korrigieren und bei der szenischen Darstellung beraten. Zu diesem Zeitpunkt in der Stunde werden die Lernenden zu *acteurs/actrices* und ja … *ça bouge et ça fait du bruit, ça s'appelle théâtre*!
In der Unterrichtspraxis hat sich gezeigt, dass die *mise en scène* in der Gruppenarbeit nach 45 Minuten beendet ist, sodass die Schüler am Ende der Stunde aufgefordert werden können **in häuslicher Arbeit ihre kleine Theaterproduktion zu filmen**. Dazu sollten sie unbedingt **eine Woche Zeit** haben, denn sie müssen sich in ihren Gruppen verabreden, die Szene nochmals üben sowie eine technische Umsetzung des Videoclips konzipieren.
In einer Folgestunde werden dann **alle Videos** angeschaut, eventuell mit der Vorgabe, *la meilleure version* auszuwählen, die dann auf der Website der Schule veröffentlich werden kann. Mitunter fordern Lerngruppen auch die **Benotung** ihrer Filmproduktionen ein – *aucun problème*: Die Schüler beurteilen die Videos (außer dem eigenen) mit maximal 5 Punkten pro Kategorie:

- Mise en scène: Gestaltung der Szene und Rolle/Körpersprache
- Aussprache/Intonation
- Filmische Umsetzung: Kameraführung/Musik/visuelle Effekte

Die höchste Punktzahl kann 15 sein = Note 1+/10 Punkte = 2-/5 Punkte = 4 etc. Keine Sorge – die Schüler sind kritische Betrachter, sodass oftmals die Lehrkraft bei der Punktvergabe vermitteln und entscheiden muss.

DIDAKTISCHE ÜBERLEGUNGEN

Rollenspiele im Fremdsprachenunterricht sind fester Bestandteil des Spracherwerbs schlechthin, aber Theaterspielen ermöglicht ein besonders **ausgeprägtes Sprachhandeln** durch **„Spielhandeln"**, weil hier die Körpersprache wichtig ist und die Sprachenlerner sich mit ihrer Rolle identifizieren und sich somit im Französischunterricht mal anders erleben können. Insbesondere die Figur des *cancre* bietet eine Projektionsfläche für viele Schüler, die mitunter in der Schule isoliert sind oder gar gemobbt werden. Aber auch die Buhrufe, sprich Beleidigungen der Mitschüler, werden implizit reflektiert.
Die sprachliche Ausgestaltung einer Rolle eröffnet die **Förderung der Individualität** und **Diversität des Sprechers** sowie auch eine natürliche **Differenzierung des Sprachvermögens**. So können hier durchaus nur Interjektionen, aber auch syntaktisch anspruchsvollere Redebeiträge von den Lernenden erdacht werden. Dabei sollten unbedingt Ausdrücke aus dem *français familier* erlaubt sein, um ein **authentisches Sprachhandeln** zu fördern, das zudem den Französisch-Lernenden viel Spaß macht. Ferner müssen sich die Schüler beim Spielen der Szene auf ihre Aussprache und schauspielerischen Handlungen konzentrieren.
Das **Filmen** des *mini-drame* entspricht dem **Freizeit- und Medienverhalten** der Lernenden – auf der Plattform TikTok schauen Jugendlich kleine Filmclips und viele erstellen selbst welche

aus ihrem täglichen Leben. In der Unterrichtspraxis hat sich bewiesen, dass Schüler an dieser Art der Aufgabenstellung Freude haben, vor allem, wenn alle Gruppen dann ihre Filmprodukte (meist mit Musik unterlegtem Vor -und Abspann gefertigt) stolz präsentieren. In jeder Gruppe gibt es stets eine Person, die technisch versiert ist und nicht unbedingt vor der Kamera agieren will *... elle dit oui à ce qu'elle aime !*

M1 LE CANCRE

LE CANCRE

Il dit non avec la tête
mais il dit oui avec le cœur
il dit oui à ce qu'il aime
il dit non au professeur
il est debout
on le questionne
et tous les problèmes sont posés
soudain le fou rire le prend
il efface tout
les chiffres et les mots
les dates et les noms
les phrases et les pièges
et malgré les menaces du maître
sous les huées des enfants prodiges
avec des craies de toutes les couleurs
sur le tableau noir du malheur
il dessine le visage du bonheur.

Jacques Prévert, tiré de „Paroles" © Éditions Gallimard

vocabulaire:
le cancre – der Faulpelz
ligne 8/soudain – tout à coup
12/les pièges (m) – les problèmes trop difficiles (Fallen)
13/malgré les menaces (f) – trotz der Drohungen
14/sous les huées (f) des enfants prodiges – unter den Buhrufen der Wunderkinder
16/le malheur – c'est le contraire du bonheur

M2 TABLEAU À QUESTIONS

(mit erwarteten Schülerleistungen)

QUI	QUOI	POURQUOI
le cancre	Il est debout devant la classe et ne veut pas répondre aux questions. Il commence à rire et efface tout le tableau. Il dessine „le visage du bonheur ", p.ex. une fleur/un cœur/un émoji	Il n'aime pas l'école, c'est pourquoi il ne fait pas attention au cours. Il se révolte, il s'en fout de son prof. Il s'intéresse à autre chose, il a d'autres hobbys, il est sûr de lui.
le prof	Il pose des questions à l'élève, il le questionne. Il le menace quand il efface le tableau, peut-être crie-t-il.	Il est méchant parce qu'il sait que le cancre ne sait pas répondre, il a des „pièges" pour lui. Il n'accepte pas ce que l'élève fait, il a peur de perdre son autorité.
les camarades	Ils profèrent des huées, ils l'insultent, ils crient des mots méchants.	Ils se moquent du cancre, ils pensent qu'il est bête, ils sont peut-être étonnés de son courage, ce sont des élèves modèles.

M3 RÔLES DE LA MISE EN SCÈNE / SPRACHLICHE GESTALTUNG DER LEERSTELLEN

le/la cancre :

Leerstelle 1: *„...le fou rire le prend“* **Z. 8**
paroles : **j'en ai marre/je m'en fous de vos problèmes/ ça m'est égal/je n'aime/kiffe pas l'école!**

Leerstelle 2 : *„sur le tableau noir du malheur“* **Z. 16**
paroles : **vous êtes minables/cons/méchants/ regardez bien ce que je dessine/voilà ce que j'aime**

le/la prof :

Leerstelle 1 : *„on le questionne“* **Z. 6**
paroles : **Quand a eu lieu la Révolution française ?** *(dates)*
77 multiplié par 77, ça fait combien ? *(chiffres/piège)*
Conjugue le verbe ‚mourir' ! *(mots/piège)*

Leerstelle 2 : *„... malgré les menaces du maître“* **Z. 13**
paroles : **ça suffit!/arrête!/va à ta place !/je ne tolère pas ce comportement/ça va avoir des conséquences/va voir le directeur!**

les camarades :

Leerstelle : *„sous les huées des enfants prodiges“* **Z. 14**
paroles : **mais qu'est-ce qu'il fait ?/regardez – il est fou/ ça ne va pas la tête!/c'est nul !/quel connard!**

le/la poète :

trägt das Gedicht darstellend vor und beachtet die Leerstellen der mise en scène.

INFORMATIONEN FÜR DIE LEHRKRAFT

Kompetenzen: Sprechen/Sprachbewusstheit

EINBETTUNG IN DEN LEHRPLAN

Die Schüler verstehen den Inhalt und die Struktur des Sommergedichts *L'été au passé composé,* deklamieren es und verfassen eine weitere Strophe.
Weitere Vorkenntnisse: Die Schüler können bereits die Verben auf -er, sowie *être* im *passé composé* bilden.

STRUKTUR DES GEDICHTS: L'ÉTÉ AU PASSÉ COMPOSÉ (M1)

Das Gedicht umfasst sieben Strophen, in denen ausschließlich Verben auf -er in der Zeitform des *passé composé* verwendet werden. Durch die thematische Wahl „Sommer"*:* ***été*** entsteht eine lautliche und rhythmische Sprach-Doppelung auf **/e/**, insbesondere beim *participe passé* von *être:* ***été,*** Homonym mit ***été*** = Sommer.
Jede Strophe beginnt mit ***En été ...*** gefolgt von einer Aktivität im Sommer, wobei auf das Substantiv am Ende des Satzes gereimt wird. Folgende *formule poétique* ist erkennbar: ***en été + activité au passé composé + rime***
Die grammatischen Personen sind *je/on/nous* und das *passé composé* wird mit *avoir* bzw. *être* gebildet, sodass das *participe passé* bei der Verwendung von être angeglichen werden muss. Die Lexik entspricht im Allgemeinen dem Lernstand im 2. Lernjahr Französisch, Wendungen wie *sur place/d'autres pays/tous assis/en plein air/quel beau temps* werden visualisiert (siehe **M2**) und sind auch aus dem Kontext verständlich.

STUNDENVERLAUF/METHODISCHE HINWEISE

Bei Bedarf kann eine kurze **Wiederholung** der Begriffe zu den ***saisons****: printemps/été/automne/hiver* erfolgen.
Daraufhin **deklamiert die Lehrkraft auswendig** (Achtung: Vorbildcharakter für die folgenden Schülerleistungen) das Gedicht zunächst nur **mithilfe der visuellen Impulse** (**M2**). Erst danach erhalten die Lernenden die schriftliche Form des *poème*, eventuelle Vokabelfragen können geklärt werden (*que veut dire ... à la ligne ...?).*
Im nächsten Lernschritt **lesen die Schüler zusammen mit der Lehrkraft das Gedicht laut vor**, wobei die Lehrkraft hier als Sprachvorbild die Aussprache und Rhythmik vorgibt. Dann **lernen sie zu zweit wenigstens eine Strophe auswendig,** leistungsstärkere bzw. -willige Schüler können auch mehrere Strophen auswählen. Es empfiehlt sich, die Strophen zu nummerieren, damit der Vortrag des Gedichts gelingen kann**: Die Schüler deklamieren** wiederum **auswendig ihre Strophe(n) mithilfe der Illustrationen** (**M2**) als Gedächtnisstütze.
Danach werden die Lernenden aufgefordert, die **Struktur des Gedichts** zu erkennen. Diese Metareflexions-Phase kann durchaus auf Deutsch erfolgen. Die Lehrkraft visualisiert die Schüler-Bemerkungen dann in der Formel:
en été + activité au passé composé + rime
Der Übergang zur **Schreibphase** wird für die Schüler erleichtert, indem sie zunächst alle ***activtés*** im Gedicht unterstreichen und sie **weitere Handlungen im Sommer** vorschlagen, die die Lehrkraft am Smartboard bündelt. Für leistungsschwächere Schüler sollten hier gezielte **Lernhilfen/*aides de rédaction*** (siehe **M3**) in der Form von Verben und syntaktischen Ergänzungen angeboten werden. Insbesondere aber beim Schreiben einer weiteren Strophe für das Gedicht brauchen alle Französischlerner **Vorschläge für die Reimbildung** durch den Lehrer (dazu auch **M3**). Diese sollten den Lernenden individuell nach Bedarf zugänglich sein, z.B. als Liste auf dem Lehrertisch, hinter der verklappten Tafel oder auf dem Monitor eines PCs.

Die Schülerstrophen werden alle bereits in der Schreibphase, die in Partnerarbeit erfolgen kann, **korrigiert und erst dann auswendig gelernt**. Fakultativ können Schüler diese auch illustrieren. Zur **Ergebnissicherung** deklamieren alle Schüler ihre Strophe. Auch hier bietet sich eine vorher durch die Lehrkraft bestimmte Abfolge mit Ziffern an.
Eine sinnvolle (freiwillige) Hausaufgabe wäre, das gesamte Gedicht plus der selbst gedichtete(n) Strophe(n) auswendig vortragen zu können. Die Unterrichtspraxis zeigte hier immer wieder erstaunliche Schülerdarbietungen, die dann auch entsprechend gewürdigt werden sollten.

DIDAKTISCHE ÜBERLEGUNGEN

Un poème au cours de français, pourquoi pas ? Der Einsatz eines Gedichts im Französischunterricht ermöglicht die **Anbahnung literarischen Lernens** bereits im Anfangsunterricht, denn die Betrachtung und Analyse der französischen Sprache spielt in der Sekundarstufe II eine zunehmende Rolle. Hier können die Lernenden die Struktur des Gedichts erfassen und beim „Dichten" konstruktivistisch anwenden, wodurch ihr Sprachbewusstsein geschult wird.
Der französische Begriff für „auswendig lernen" *apprendre par* ***cœur*** fokussiert trefflich die fachdidaktische Prämisse zum Sprachenlernen mit „Kopf, Hand und **Herz**". Die Schüler begreifen das Gedicht ganzheitlich, d. h. mit dem Verstehen der Struktur, mit dem Verfassen und Illustrieren einer eigenen Strophe sowie wünschenswerterweise mit einem emotionalem Zugang zur *poésie.*

Mnemotechnische Sprachmittel wie Reime und hier im Gedicht auch die Wiederholung des Lautes / e / sowie das Wortspiel mit dem Homonym *été* fördern die **Behaltenseffektivität** insbesondere der Zeitformen im *passé composé.*
Beim Deklamieren eines *poème* erfahren Schüler den Klang und die Intonation der französischen Sprache und optimieren so ihre **Aussprache**, die wesentlich zu einer **gelungenen Kommunikation** mit Muttersprachlern beiträgt.
Eine Erweiterung im Unterricht nach dem Einsatz des Gedichts *L'été au passé composé* könnte die Durchführung eines ***atelier de poésie*** sein:

- Die Schüler suchen ein von frankophonen Jugendlichen verfasstes Gedicht aus im Internet unter der site: lewebpedagogique.com *poèmes sur l'adolescence, sur la vie …*
- Sie tragen es dem Modell des im Unterricht behandelten Gedichts *L'été au passé composé* folgend vor, d. h. sie illustrieren und deklamieren es.
- Sie begründen ihre Auswahl: *J'ai choisi ce poème parce que j'aime … / parce que c'est joli / triste* etc.

Erfahrungsgemäß wählen die Lernenden das Gedicht, das sie leicht verstehen und vor allem das sie persönlich anspricht – Sprachenlernen ist immer auch emotional – *vive la poésie !*

M1 LE POÈME

L'été au passé composé

En été j'ai rencontré mes amis 1
Garçons et filles

En été on a mangé des glaces 2
Au parc sur place

En été on a regardé des films en plein air 3
Tous assis par terre

En été on est allés à la piscine 4
Avec les copines

En été je suis resté/e à Berlin 5
Dans notre jardin

En été nous avons voyagé en Turquie 6
Et d'autres pays

En été j'ai été chez mes grands-parents 7
Quel beau temps

© R. Chantoiseau, 2017

M2

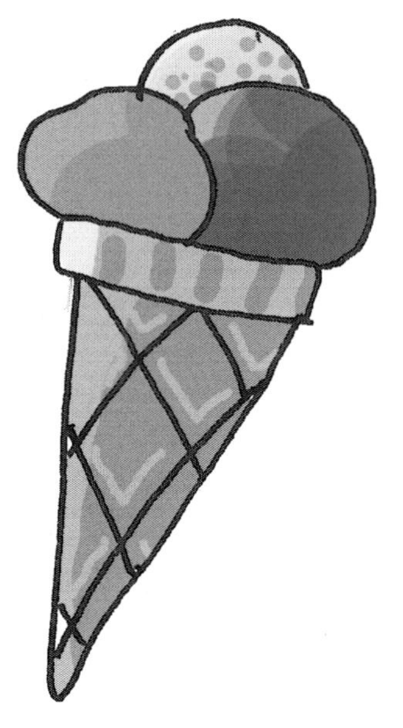

M2

M3 LERNHILFEN / AIDES POUR RÉDACTION

activités en été :

- *jouer au foot/au ping-pong/au volley/aux jeux vidéo/...*
- *nager dans la mer/l'océan/un lac/...*
- *aller au concert de/à une boum/au camp/...*
- *rigoler ensemble/avec les copains/en ville/...*
- *monter sur la tour de/les montagnes/une planche à voile/...*
- *pique-niquer au parc/dans la forêt/au bord de la rivière/...*
- *être chez + personne/à la plage/au stade/...*

rimes :

- [õ] **balcon (m)/bon/télévision (f)/boisson (m)** (Getränk)
- [ɑ̃] **parents (m)/sans/intéressant/longtemps**
- [ɛ̃] **bien/chien (m)/train (m)/bassin (m)/cousin (m)**

- [i:] **samedi/lit (m)/mamie** (Omi)**/appétit (m)/Tunisie (f)**
- [e] **idée(f)/café (m)/bédé (f)/déjeuner (m)** (Mittagessen)
- [ɛ] **quai (m)/parfait/ballet (m)/buffet (m)**
- [u] **où/sous/tout à coup/Moscou**
- [y] **jus (m)/salut/menu (m)/rue (f)**
- [ɑ] **ça va/là/papa/ananas (m)/voilà**
- [o] **beau/cadeau (m)/chaud/vélo (m)/boulot (m)** (Job)

- [ɛr] **frère/mère/père/anniversaire (m)/verre (m)**
- [œr] **sœur/cœur (m)/fleur(f)/heure (f)/ordinateur (m)**
- [aʒ] **cage (f)/âge (m)/mage (m)** (Zauberer)**/sage**
- [aɲ] **campagne (f)/champagne (m)**
- [wal] **toile (f)** (Internet)**/étoile (f)**
- [ur] **toujours/bonjour/cour (f)**
- [ut] **route (f)/coûte**

INFORMATIONEN FÜR DIE LEHRKRAFT

Kompetenzen: Leseverstehen/Sprechen

EINBETTUNG IN DEN LEHRPLAN

Die Schüler verstehen Fragen zum Wimmelbild (*image grouillante*), finden die zu suchenden Dinge, Personen sowie Sachverhalte, geben schriftlich und mündlich Antworten und stellen eigenständig Fragen zum Wimmelbild.
Weitere Vorkenntnisse**: Im 1. Lernjahr** verstehen und verwenden die Schüler insbesondere **die *Präpositionen*** *à gauche/à droite/au milieu/sur/sous/dans/devant/par terre/à côté de,* **die Zahlwörter** 1–10, **die Fragepronomen** *où/combien de* sowie die **Verben auf *-er*** *écouter/regarder/manger/jouer/entrer/parler avec/arriver/rester.*
Im 2. Lernjahr verstehen und verwenden sie zusätzlich **das Fragewort** *pourquoi, die* ***Präpositionen*** *entre/près de/derrière,* **die Verben** *attendre/lire/écrire/pleurer/rigoler/se cacher/se trouver/se battre/se tenir par la main/être assis/aller et rester au passé composé.*

BILDBESCHREIBUNG

L'image grouillante : Dans la cour de récré (M1)
Il y a deux arbres dans la cour, l'un à droite, l'autre à gauche. Quatre élèves sont assis sous celui de droite, deux filles et deux garçons. Les filles écoutent de la musique ensemble sur le portable. Un garçon écrit des textos, l'autre portant des lunettes lit un livre.
Un peu plus haut à droite il y a un trampoline sur lequel un élève saute, trois autres le regardent, deux filles et un garçon avec des lunettes.
Au milieu de la cour, il y a une bagarre, deux garçons se battent, sept camarades dont quatre garçons et trois filles les regardent. Et voilà le surveillant qui arrive en criant „arrêtez!" Mais il y a un autre petit drame juste un peu plus bas où un élève se trouve par terre entouré de trois filles, l'une d'elles appelle le surveillant „au secours!".
A côté, sur leur gauche, il y a un terrain de basket-ball où trois élèves jouent (deux garçons avec une fille). Un autre camarade s'accroche au panneau là.
Tout en bas à droite trois filles et deux garçons attendent devant les toilettes.
Plus haut toujours à gauche, six élèves jouent au tennis de table chinois.
Sur leur droite, deux amoureux sont assis sous l'autre arbre de la cour. Ils portent des lunettes de soleil, se bronzent et rêvent en se tenant par la main.
Eh voilà que quelqu'un caché dans l'arbre, les observe !
Tout à fait à gauche il y a un abri avec des bancs où les élèves peuvent manger et boire.

Regardons un peu de plus près l'immeuble de l'établissement: On voit l'entrée dont les portes sont grandes ouvertes et deux filles y entrent. Sur les escaliers extérieurs un garçon est assis et pleure.
A sa droite il y a deux poubelles, une fille y jette une peau de banane. De l'autre côté de l'entrée, une prof parle avec un élève, elle lui dit: „Fais un effort!"
Au rez-de-chaussée cinq fenêtres du collège sont visibles. Celle à gauche montre la salle de profs, à côté c'est celle du bureau du proviseur, assis devant son ordinateur. Quatre élèves sont restés dans leur salle de classe dont la fenêtre se trouve à côté de l'entrée à gauche. Regardez bien la deuxième fenêtre à droite … un élève se cache là ! Sur le côté à droite trois autres camarades se cachent dans un buisson. Tout en haut une fille joue avec un chat qui se trouve derrière la clôture de l'école.

Finalement deux gamins malins sont assis sur le toit où ils sont montés par une petite fenêtre mansardée. Ils rigolent „c'est marrant !" – (leurs profs n'en feraient pas autant ...)

STUNDENVERLAUF/METHODISCHE HINWEISE

Dem Lernstand der jeweiligen Lerngruppe entsprechend können vorab **fakultativ** die für das Leseverstehen sowie die schriftliche und mündliche Sprachproduktion erforderlichen sprachlichen Mittel (siehe Einbettung in den Lehrplan,1./2. Lernjahr) wiederholt werden.
In der **1. Phase der Stunde** bearbeiten die Schüler die **Suchaufgaben** zum *image grouillante* **(M2/1. Lernjahr, M3/2. Lernjahr)** schriftlich und vergleichen bzw. korrigieren ihre Antworten mit den dort vorgegebenen **Lösungen**. Die Lernenden können hier **Kurzantworten** geben, d. h. nur eine Ziffer, die erfragte Präposition oder Person, denn in dieser Phase ist das **Leseverstehen vorrangig**, nicht das Schreiben. Um dem **individuellen Lese- und Suchtempo** Rechnung zu tragen, sollte dies in **Still-, Einzelarbeit** erfolgen.
In der **2. Phase** befragen sich die Schüler **in Partnerarbeit** zur Suche in dem Wimmelbild mithilfe des Arbeitsbogens **(M2/M3)**, der hier als **Tandemübung** genutzt werden kann. Dabei müssen die Suchfragen nicht chronologisch gestellt werden, es bietet sich an, Fragen und Antworten mit dem Partner alternierend zu stellen bzw. zu geben. Dieses **„schreibgestützte Sprechen"** mit Selbstkontrolle ermöglicht die **Hinführung zur freieren Sprachproduktion** in der letzten **3.Phase**, in der die Schüler nur mit ***questions-déclencheurs*** **(M4)**, d. h. Fragestrukturen auf die Suche im *image grouillante* gehen und beliebige Fragen stellen können. Es bietet sich an, in dieser Phase mit einem **neuen Partner** zu arbeiten, damit das stereotype Abfragen von Suchaufgaben vermieden wird.
Eine erneute *recherche d'ojets et de personnes* im Klassenverband ist nicht zwingend, weil der Arbeitsbogen **M2/3** den Lernenden **Korrekturen** ermöglicht. Der hier skizzierte Stundenverlauf (ohne vorherige Wiederholung) umfasst etwa 45 Minuten, also eine Schulstunde.

DIDAKTISCHE ÜBERLEGUNGEN

Wimmelbilder kennen die Schüler hoffentlich noch aus ihren **Kindheitstagen** ... welch ein Spaß, Dinge und Personen zu suchen, die mitunter auch verrückte Sachen machen.
Der **Zweitspracherwerb** ähnelt hier deutlich dem **Erlernen der Muttersprache**. Jüngere Kinder zeigen zunächst nur auf die gesuchten Dinge, erweitern so ihren Wortschatz, den sie zunehmend aktiv verwenden, bis sie schließlich syntaktische Strukturen bilden können.
Das hier vorgeschlagene Verfahren zum Einsatz eines *image grouillante* folgt auch einer **Progression vom rezeptiven Lesen zum produktiven Sprechen** in der Fremdsprache. **Im ersten Lernjahr** wird deshalb der Schwerpunkt auf Zahlen und Präpositionen gesetzt, d. h. auf die **lexikalische Ebene**, während **im zweiten Lernjahr** bereits die **syntaktische Verwendung der Verben** eingefordert wird.
Zudem mag diese **spielerische Sprachbildung** an **positive kindliche Erinnerungen** anknüpfen, wodurch **neurologisch** betrachtet das **interhemisphärische Lernen** gefördert wird.
Haben die Schüler Freude an dieser wiederentdeckten Suche im Wimmelbild, so könnten sie ihr **Lieblingsbild aus einem ihrer Wimmelbilderbücher** mitbringen und 10 Fragen formulieren. Mit einem Partner betrachten die Lernenden dann ihre *images grouillantes* und sprechen Französisch – keine Angst vor Fehlern, die die Sprachlerner natürlich machen werden ...
mieux vaut une classe grouillante que silencieuse !
Im zweiten Lernjahr kann man die Schüler auffordern, nach **Wimmelbildern im Internet** zu suchen *(très en vogue à nouveau !)*.

Weitere Möglichkeiten zur anschließenden Unterrichtsgestaltung bietet *l'image grouillante – dans la cour de récré* die dort erlebten **Leerstellen zur Förderung der Fertigkeit Schreiben** zu nutzen :

- *Le garçon qui pleure : rédaction d'un monologue intérieur*
- *La bagarre : dialogue entre les deux camarades qui se battent – commentaires des autres qui regardent*
- *Prof avec élève : „Fais un effort!" … monologue à suivre*
- *Surveillant fait un rapport au passé composé au proviseur (bagarre/incident)*
- *Élève par terre : témoignages des camarades*

M1

dans la cour de récré
c´est marrant!
liberté, égalité, fraternité
fais un effort!
arrêtez!
j´arrive!
au secours!

M2 SUCHFRAGEN UND ANTWORTEN / 1. LERNJAHR

Regardez bien l'image grouillante – dans la cour de récré ! Cherchez et trouvez !

Questions

(1) Combien d'arbres il y a dans la cour ?
(2) Combien de fenêtres vois-tu ?
(3) Est-ce qu'il y a un animal ?
(4) Où sont les deux filles qui écoutent de la musique ensemble ?
(5) A quoi jouent les six élèves à côté de l'arbre à gauche ?
(6) Combien d'élèves sont sur le terrain de basket-ball ?
(7) Qui parle avec un élève et dit : „Fais un effort!" ?
(8) Où sont les deux garçons qui se battent ?
(9) Que fait le garçon dans l'arbre à gauche ?
(10) Où est le trampoline dans la cour ?
(11) Où est-ce que les élèves mangent leurs sandwiches et leurs fruits ?
(12) Combien de camarades restent dans leur salle de classe ?
(13) Qui arrive et crie : „Arrêtez !" ?
(14) Qui entre dans l'école ?
(15) Où est le garçon qui est triste ?
(16) Combien d'élèves portent des lunettes ?
(17) Combien de filles regardent le camarade par terre ?
(18) Qui est devant son ordinateur ?
(19) Où est la salle de profs ?
(20) Où sont les deux garçons qui disent : „C'est marrant!" ?
(21) Où est-ce qu'il y a un cœur ? ♡
(22) Combien d'élèves sont devant les toilettes ?

Ici – pliez le papier ------------------------------------ et regardez les solutions après !

1. deux/2. huit (neuf – une sur le toit)/3. oui, un chat à droite/4. sous l'arbre à droite/5. au ping-pong/tennis de table (chinois)/6. quatre (un camarade est caché derrière le panneau)/ 7. une prof (une femme)/8. au milieu de la cour/9. il regarde les deux amoureux sur le banc/10. à droite/11. sur les bancs à gauche (sous l'abri)/12. quatre (un élève se cache dans une autre salle)/13. le surveillant/14. deux filles/15. dans les escaliers (devant l'entrée)/16. cinq (deux des lunettes de soleil)/17. trois/18. le proviseur (directeur)/19. à gauche, à côté du bureau du proviseur/20. sur le toit/21. sur (dans) l'arbre à gauche/22. cinq

M3 SUCHFRAGEN UND ANTWORTEN / 2. LERNJAHR

Regardez bien l'image grouillante – dans la cour de récré ! Cherchez et trouvez !

Questions

(1) A quoi jouent les élèves dans la cour ?
(2) Combien d'adultes voyez-vous ?
(3) Que font les deux garçons au milieu de la cour ?
(4) Où est le chat ?
(5) Que fait le garçon dans les escaliers devant l'entrée ?
(6) Que font les élèves sous l'arbre à droite ?
(7) Combien d'élèves se cachent ?
(8) Qui porte des lunettes de soleil ?
(9) Pourquoi est-ce qu'une fille crie : „Au secours!" ?
(10) Que font les camarades devant les toilettes ?
(11) Qu'est-ce qui est écrit sur le mur de l'immeuble ?
(12) Que font les deux amoureux sur le banc sous l'arbre à gauche ?
(13) Combien de personnes sont assises dans cette image ?
(14) Où sont les trois camarades qui regardent un garçon sauter ?
(15) Comment les deux garçons sont-ils arrivés sur le toit ?
(16) Que fait la fille près des poubelles ?
(17) Comment les deux filles sous l'arbre à droite écoutent de la musique ?
(18) Que fait le garçon dans l'arbre à gauche ?
(19) Où se trouve la salle de profs ?
(20) Combien d'élèves sont restés dans leur salle de classe ?
(21) Que font les élèves sur les bancs sous l'abri ?
(22) Pourquoi la prof dit-elle „Fais un effort!" à un élève ?

Ici – pliez le papier ------------------------------------ ***et regardez les solutions après***

(1) au ping-pong/tennis de table (chinois)/au basket-ball/(à cache-cache)
(2) cinq: une prof qui parle avec un élève/un surveillant/le proviseur dans son bureau/ deux profs dans la salle de profs
(3) ils boxent/se battent
(4) derrière la clôture du collège en haut à droite
(5) il pleure/est triste
(6) deux filles écoutent de la musique, un garçon lit (un livre), un autre écrit des textos
(7) six: trois derrière un buisson, l' un dans l'arbre, l'autre derrière le panneau de basket, l'un derrière la fénêtre dans une salle à l'école
(8) les deux amoureux sous l'arbre à gauche
(9) parce qu'un/e camarade est tombé/e
(10) Ils attendent/se parlent
(11) liberté, égalité, fraternité
(12) ils rêvent/se bronzent/se tiennent par la main

(13) *quinze: deux profs/le proviseur/douze élèves*
(14) *près du trampoline*
(15) *par une petite fenêtre*
(16) *elle y jette une peau de banane*
(17) *ensemble avec un écouteur de portable*
(18) *il observe les amoureux*
(19) *c'est la 3e salle à gauche*
(20) *quatre*
(21) *ils mangent et boivent qc*
(22) *parce qu'il est paresseux, ne travaille pas assez*

M4 QUESTIONS-DÉCLENCHEURS

▶ **Combien de ... sont/se trouvent/il y a ...?**
▶ **Où est/sont ...?**
▶ **Que fait/font ...?**
▶ **Qui est/se trouve/fait/dit ...?**
▶ **A quoi joue(nt) ...?**
▶ **Qu'est-ce qu'il y a ...?**
▶ **Pourquoi est-ce que ...?**
▶ **Comment est-ce que ...?**

INFORMATIONEN FÜR DIE LEHRKRAFT

Kompetenzen: Lesen/interkulturelles Lernen/Problemlösungsstrategien

EINBETTUNG IN DEN LEHRPLAN

Mit der Mystery-Methode lösen die Schüler ein Rätsel, indem sie Textinformationen verstehen und diese inhaltlich zu- bzw. einordnen.
Weitere Vorkenntnisse: Die Schüler verfügen über ein touristisches Vorwissen zu Pariser Sehenswürdigkeiten, wenden beim Lesen Worterschließungsstrategien an und können mit einem zweisprachigen Wörterbuch umgehen (bzw. ihr Handy als solches benutzen).

DIE MYSTERY-METHODE UND INHALT ZUM RÄTSEL: À LA RECHERCHE D'UNE CÉLÉBRITÉ

Die Mystery-Methode ist aus der Geografiedidaktik entlehnt und kann neben dem Sachfach- auch im Fremdsprachenunterricht genutzt werden, um das **Leseverstehen sowie das problemlösende Denken** zu fördern.
Zu Beginn der Methode lesen die Schüler eine kleine **Einstiegsgeschichte** (vgl. ***le mystère*/M1**), in der Lucas bei seinem französischen Freund Matéo ist, der ihm seine Stadt zeigt. Dabei treffen die beiden auf **eine alte, kranke Dame** (*une vieille dame malade).* In dem Rätsel wird die berühmte **Kathedrale *Notre-Dame de Paris*** gesucht, wobei die Stadt Paris im Text nicht erwähnt wird. Aus der **Doppeldeutigkeit** der dort verwendeten Begriffe:

- *dame* = eine Dame (Frau) bzw. der Name *Notre-Dame*
- *malade* = hier ist der verheerende Brand der Kathedrale 2019 gemeint
- *rétablie* = gesund bzw. wieder aufgebaut werden

folgert die **Rätselfrage** :

Comment s'appelle la dame et de quelle maladie souffre-t-elle ? (siehe M1)

Solution : C'est Notre-Dame, (le site/la cathédrale à Paris) – elle a brûlé, il y a eu un incendie.

18 Rätselkarten/*fiches de mystère* (vgl. **M2**) sollen die Lernenden zur Lösung führen, wobei sämtliche Informationen in der o. g. **Personifizierung**: ***elle* = die Kathedrale *Notre-Dame*** verfasst sind, sodass der Charakter des Rätsels erhalten bleibt und die Schüler motiviert sind, herauszufinden, um welche *célébrité* es sich handelt. Erst wenn sie das Rätsel gelöst haben, erhalten sie die **Lösungskarten/*fiches de solutions*** (vgl. **M3**), die sie den Rätselkarten dann zuordnen sollen (siehe **M4**). Danach **visualisieren** die Lernenden **die Fakten zur *Notre-Dame*** (siehe ***associogramme modèle* M5** sowie Methodische Hinweise).

STUNDENVERLAUF/METHODISCHE HINWEISE

Folgende Materialien und Hilfsmittel sollten bereitstehen:

- **farblich unterschiedliche Briefumschläge** mit den Rätselkarten/*fiches de mstère* (**M2**) bzw. Lösungskarten/*fiches de solutions* (**M3**)
- **Kopiertes Arbeitsblatt (M1)**
- Zweisprachige Wörterbücher/ggf. Internetzugang (mit Handy oder Tablet)
- Filz- und Klebestifte (Schüler bitten mitzubringen)
- DIN-A3-Bögen/Plakate

Sollten die Lernenden die Mystery-Methode noch nicht kennen, erklärt die Lehrkraft diese vorab. Da die Schüler **in Kleingruppen** (3/max. 4 Personen) arbeiten werden, sollten die Grup-

pentische so angeordnet werden, dass diese ausreichend Platz zum **Auslegen und Lesen der Rätselkarten** und späteren **Zuordnen der Lösungskarten** bieten.
Danach erhalten die Schüler das **Arbeitsblatt mit der Einstiegsgeschichte sowie der Rätselfrage und den Arbeitsaufträgen** (vgl. **M1**). Es empfiehlt sich, diesen ersten Zugang zum Rätsel **nicht im Klassenverband** anzusiedeln, weil alle Lernenden sich **in ihrem individuellen Lerntempo der Rätselfrage nähern können sollen**. Für Verständnisfragen sollte ein zweisprachiges Wörterbuch auf jedem Gruppentisch stehen.
Haben die Schüler das Mystery-Rätsel sowie die Arbeitsschritte verstanden, können sie nunmehr in der **1. Phase** den **Briefumschlag mit den ungeordneten, farbigen *fiches de mystère* (M2) einfordern**. Zum Lösen des verschlüsselten Rätsels kann bei Bedarf und technischen Voraussetzungen das Internet helfen, insbesondere im 3. Lernjahr. Nach **etwa 20 Minuten** sollten die Lernenden eine Antwort, zumindest aber eine Vermutung **auf dem Arbeitsblatt notiert** haben. Als **Zwischensicherung** kann hier die Lehrkraft die Ergebnisse in den Gruppen steuern, auch damit kein „Rätselfrust“ bei leistungsschwächeren Schülern entsteht.
In der **2. Phase** der Mystery-Methode werden nun wiederum **ungeordnet in einem weiteren Briefumschlag die unterschiedlich farbigen *fiches de solutions*** (**M3**) an die Gruppen ausgeteilt, und die Schüler **ordnen nun die Rätselkarten den jeweiligen Lösungskarten zu** (siehe **M4** für die Lehrkraft bzw. ggf. als Lösungsbogen für die Schüler).
Abschließend in **Phase 3** entwerfen die Lernenden ein ***associogramme* als schematische Darstellung der wichtigsten Fakten zur *Notre-Dame*,** d.h. sie müssen diese gewichten und vernetzen. Als **Ergebnissicherung** wählt jede Gruppe eine **Form der Visualisierung** auf einem DIN-A3-Plakat (vgl. **M5**). Bei einem **Galerie Rundgang** können die Plakate gesichtet und von den Schülern erklärt und bewertet werden.
Für alle genannten Arbeitsschritte sollten etwa **90 Minuten** eingeplant werden, also möglichst eine Doppelstunde. Fakultativ könnte die Erstellung des *associogramme* auf dem Plakat auch in einer Folgestunde von 45 Minuten erfolgen.

DIDAKTISCHE ÜBERLEGUNGEN

Die in der Fremdsprachen-Didaktik **neu angesiedelte Mystery-Methode** ermöglicht den Lernenden **auf spielerische** und dadurch **motivierende** Weise vielfältige kulturelle, geschichtliche und gesellschaftliche Gegebenheiten der Frankophonie zu erkunden. Die Einstiegsgeschichte sowie die Rätselfrage und die folgende Textdarbietung von Informationen erfordern ein **zielgerichtetes Lesen** in der Fremdsprache. Lerntheoretisch betrachtet sollte hier **das Lösen eines Rätsels das motivationale Lesen** verstärken. Auf der **semantischen Ebene** müssen wiederum sprachlich komplexe Informationen **dekodiert** werden, hier z.B. doppeldeutige Wörter und Stilfiguren wie die der Personifizierung. Die Schüler werden folglich ihr **Weltwissen** und ihre **Kenntnisse aus anderen Sprachfächern** in ihr **Leseverstehen** einbringen können. Wiederum erfordert **die Visualisierung der Informationen ein problemlösendes Denken**, denn die Lernenden müssen diese **strukturieren und vernetzen**, wobei sie die Fakten gewichten und unter Oberbegriffen subsummieren (vgl. *associogramme* **M5**). Dieser Arbeitsschritt kann zugleich **fächerübergreifend** als Übung für die MSA (Mittlerer Schulabschluss)-Präsentation oder 5. PK (Präsentations-Komponente) im Abitur gewertet werden.
Der Lehrkraft kommt bei der Mystery-Methode die Rolle des Lernbegleiters zu, sie gibt Einhilfen und steuert zurückhaltend das entdeckende Lösen des Rätsels.

Schlussendlich bieten sich folgende weitere Unterrichtsverfahren nach dem *mystère de Notre-Dame* an:

Für das 2. Lernjahr:

- Im Rahmen einer Unterrichtseinheit zu Paris andere *sites de Paris* nach der Mystery-Methode vorstellen. Dabei könnten leistungsstärkere Schüler tatsächlich Rätselfragen erstellen, ansonsten werden Informationen zu einer Sehenswürdigkeit erarbeitet und visualisiert (analog als Plakat oder digital als PowerPoint-Präsentation).

Für das 3. Lernjahr:

- Die Serie *„Notre-Dame“* auf Netflix als häusliche Aufgabe schauen (mit frz. o. dt. Untertiteln) und einzelne Episoden zusammenfassen lassen (Les élèves adorent les soirées – vidéo ensemble …).
- Die Schüler können im Internet recherchieren zum Thema: *A la recherche des causes de l'incendie „destruction involontaire par incendie* ?“ Ihre Ergebnisse könnten sie *sous forme d'un associogramme* zuerst einem Partner, danach der gesamten Lerngruppe präsentieren.

M1 FICHE DE TRAVAIL: À LA RECHERCHE D'UNE CÉLÉBRITÉ

le mystère

Lucas, un jeune allemand se trouve chez son corres français Matéo qui lui fait visiter sa ville. Pendant leur visite les deux garçons tombent sur une vieille dame très célèbre qui était belle avant l'accident qu'elle a eu il y a quelques années.
En ce moment elle est gravement malade, elle ne peut pas marcher, mais elle est toujours debout. Tout le monde espère qu'elle va être rétablie prochainement et très rapidement. Un homme politique l'a même promis!
Mettez-vous à la recherche de cette dame !

Comment s'appelle la dame et de quelle maladie souffre-t-elle?

Solution : ______________________________

____

____

Activités:

1. *Lisez le mystère – vous avez tout compris ? Sinon, consultez le dico sur votre table. Vous avez déjà une idée de qui il s'agit ? Tant mieux … pour vérifier, demandez les fiches de mystère à votre prof!*
2. *Ouvrez l'enveloppe et lisez les fiches sur le mystère. Vous avez trouvé la solution ? – alors notez-la et montrez-la à votre prof qui va vous donner une 2ème enveloppe avec les fiches de solutions.*
3. *Lisez celles-ci et arrangez-les de façon à ce que les fiches de mystère correspondent (entsprechen) aux fiches de solutions.*
4. *Structurez les données (Fakten) sur les fiches de solutions: reliez-les entre elles, trouvez les termes génériques (Oberbegriffe) et finalement collez-les sur une affiche (Plakat).*

M2 FICHES DE MYSTÈRE

Elle habite sur une île.	Elle est de Paris.
Elle joue un rôle dans un roman culte.	Il y a une série sur netflix qui porte son nom.
En allemand elle s'appelle „Mutter Maria".	Elle a brûlé en 2019.
Elle va être rétablie en 2024.	Elle est très religieuse.
Les Parisiens l'aiment beaucoup.	Elle est très âgée.
Plus de 500 personnes s'occupent de son rétablissement.	Il y a une exposition sur elle à la „Cité de l'Architecture et du Patrimoine".
Le monde entier venait la visiter chaque année.	Elle a le surnom : „la dame de fer et de pierre".
Elle représente la culture de la France.	Son rétablissement coûte cher.
„Les soldats du feu" l'ont sauvée.	On la maquille pour qu'elle soit toujours belle.

M3 FICHES DE SOLUTIONS

C'est le site Notre-Dame de Paris. 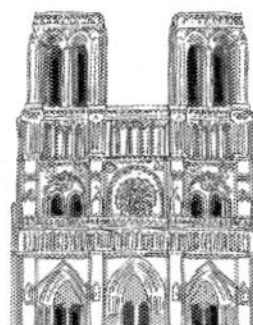	***La cathédrale se trouve sur l'Île de la Cité.***
Le roman culte de Victor Hugo s'appelle: „Notre-Dame de Paris". (der Glöckner von Notre Dame)	***La série sur netflix s'appelle aussi: „Notre-Dame".***
„Mutter Maria" – en français, c'est „Notre-Dame".	***L'incendie de Notre-Dame a eu lieu le 16 avril 2019.***
Le Président Macron a promis qu'elle sera rétablie le 8 décembre 2024.	***Les croyants vont dans la cathédrale Notre-Dame pour y prier.***
Les Parisiens ont été choqués quand ils ont vu Notre-Dame en flammes, ils ont prié sur place.	***La cathédrale a été construite de 1163–1345 au Moyen Age – sa construction a duré 182 ans.***
„Nous rebâtirons Notre-Dame plus belle qu'avant" a dit Macron.	***L'exposition se trouve au Trocadéro – il y a aussi le site en ligne : „Notre-Dame de Paris – au cœur du chantier".***
C'est une attraction à Paris où tous les touristes vont pour admirer la cathédrale la plus célèbre du monde.	***Personne ne croyait que Notre-Dame brûlerait un jour – les Parisiens pensaient qu'elle était indestructible.***
Notre-Dame est un symbole de Paris comme la Tour Eiffel – elle fait partie du patrimoine (Kulturerbe) ***de France.***	***L'UNESCO promet son aide – il y a des dons*** (Spenden) ***de plusieurs millions en ligne.***
Plus de 400 pompiers luttaient contre les flammes – il y a eu des blessés.	***Dans les années 1990 on a nettoyé les façades de „la star gothique".***

M4 ZUORDNUNG

von

fiches de mystère	zu fiches de solutions
Elle habite sur une île.	*La cathédrale se trouve sur l'Île de la Cité.*
Elle est de Paris.	*C'est le site Notre-Dame à Paris.*
Elle joue un rôle dans un roman culte.	*Le roman culte de Victor Hugo s'appelle : „Notre-Dame de Paris“.*
Il y a une série sur netflix qui porte son nom.	*La série sur netflix s'appelle aussi : „Notre-Dame“.*
En allemand elle s'appelle „Mutter Maria“.	*„Mutter Maria“ – en français, c'est „Notre Dame“*
Elle a brûlé en 2019.	*L'incendie de Notre-Dame a eu lieu le 16 avril 2019.*
Elle va être rétablie en 2024.	*Le Président Macron a promis qu'elle sera rétablie le 8 décembre 2024.*
Elle est très religieuse.	*Les croyants vont dans la cathédrale pour y prier.*
Les Parisiens l'aiment beaucoup.	*Les Parisiens ont été choqués quand ils ont vu Notre-Dame en flammes, ils ont prié sur place.*
Elle est très âgée.	*La cathédrale a été construite de 1163 –1345 au Moyen Age – sa construction a duré 182 ans.*
Plus de 500 personnes s'occupent de son rétablissement.	*„Nous rebâtirons Notre-Dame plus belle qu'avant“ a dit Macron.*
Il y a une exposition sur elle à la „Cité de l'Architecture et du Patrimoine“.	*L'exposition à la Cité de l'Architecture se trouve au Trocadero – il y a aussi le site en ligne „Notre-Dame de Paris – au cœur du chantier“.*
Le monde entier venait la visiter chaque année.	*C'est une attraction à Paris où tous les touristes vont pour admirer la cathédrale la plus célèbre du monde.*
Elle a le surnom : „la dame de fer et de pierre“.	*Personne ne croyait que Notre-Dame brûlerait un jour – les Parisiens pensaient qu'elle était indestructible.*

Elle représente la culture de la France.	*Notre-Dame est un symbolde de Paris comme la Tour Eiffel – elle fait partie du patrimoine de France.*
Son rétablissement coûte cher.	*L'UNESCO promet son aide – il y a des dons de plusieurs millions en ligne.*
„Les soldats du feu" l'ont sauvée.	*Plus de 400 pompiers luttaient contre les flammes – il y a eu des blessés.*
On la maquille pour qu'elle soit toujours belle.	Dans les années 1990 on a nettoyé les façades de „la star gothique".

M5 ASSOCIOGRAMME

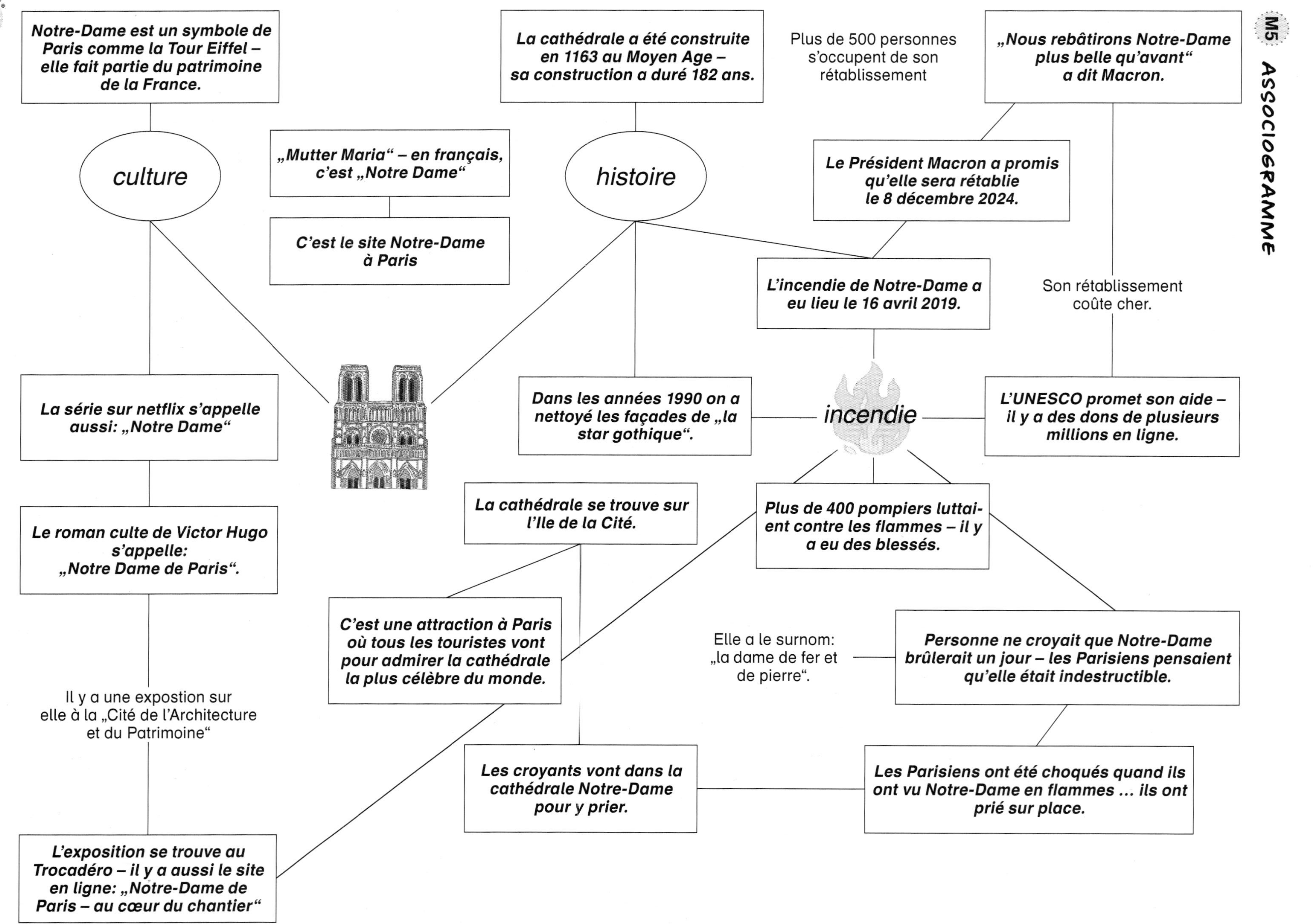

INFORMATIONEN FÜR DIE LEHRKRAFT

Kompetenzen: interkulturelle Kompetenz/Verfügen über sprachliche Mittel

EINBETTUNG IN DEN LEHRPLAN:

Die Schüler (re)aktivieren ihren Wortschatz zum Wortfeld *le sport* und benennen Sportarten (*le foot, le tennis, le basket-ball etc.*), Sportstätten (*le stade, la piscine, le gymnase etc.*), sportliche Wettkämpfe (*Les Jeux Olympiques, l'Euro de foot etc.*), bekannte frankophone Sportler *(Zidane, Mbappé etc.*) sowie französische Sportevents *(le Tour de France, le Rallye Dakar etc.).*

SPIELANLEITUNG

Analog zum Slogan der französischen Fußball-Nationalelf *Allez les Bleus !* wird das Quiz-Spiel auf einem **Fußballfeld** gespielt (siehe **M1**). Zum Spiel gehören **zwei Spielsteine** (*pions ou tout petits ballons*) sowie **26 Quizkarten** mit Antworten (siehe **M2**). Das Spiel folgt im Wesentlichen den Regeln eines Fußballspiels, auch wenn es natürlich nicht nur um Fußball geht (s. o.).
Wie beim Fußballspiel ist das **Fußballfeld in zwei Spielhälften** aufgeteilt, an deren Ende sich das **Tor** (*but*) befindet, in der Mitte ist der **Kreis zum Anstoß**, hier beginnt das Quiz. Jede Spielhälfte hat **je drei Abschnitte** (*1er shoot/2e shoot/3e shoot = but)*
Vier Schüler spielen in **zwei Teams** (*équipes A et B)* sowie einem **Schiedsrichter** *(l'arbitre)*, der die Quizkarten und Antworten vorliest, und das Spiel leitet:
Beide Mannschaften starten vom Mittelkreis. Équipe A beginnt und muss nun die 1. Quizfrage beantworten, ist diese korrekt, so können die Spieler zum *1er shoot* vorrücken. *Équipe A* ist weiterhin „am Ball", d. *h. l'arbitre* stellt ihnen die nächste Frage. Wird auch diese richtig beantwortet, so gelangt A auf den 2. Abschnitt (*2e shoot*). Jetzt besteht die Chance bei der nächsten korrekten Antwort ein Tor (*but*) im 3. Abschnitt (*3e shoot*) zu „schießen". Danach hat *équipe B* „Anstoß" und kann ebenfalls mit drei *shoots* ein Tor erzielen. Beantwortet jedoch eine Mannschaft an einem beliebigen Abschnitt eine Quizfrage falsch oder gar nicht, so übernimmt die gegnerische *équipe* das Spiel in ihrer Feldhälfte mit dieser Frage.

STUNDENVERLAUF/METHODISCHE HINWEISE

Nachdem das Fußballfeld zu *Allez les Bleus !* am Smartboard projiziert bzw. an der Tafel aufgemalt wurde, **erklärt die Lehrkraft das Spiel** Leerzeichen weg (im 1. Lernjahr auf Deutsch, im 2./3. Lernjahr vorzugsweise auf Französisch).
Dann werden **Gruppen zu 5 Schülern**: 2 x 2 *joueurs + arbitre* (bzw. bei großen Lerngruppen zu 7 Schülern: 3 x 3 *joueurs + arbitre*) **eingeteilt.**
Et voilà, c'est parti – le ballon roule (siehe Spielanleitung).
Das Spiel kann zeitlich begrenzt werden durch die Vorgabe von z. B. 3 Toren für den Gewinner. In der Regel dauert das *„match"* dann ca.15–20 Minuten.

Vor dem Spielen des Quiz ist eine **Wiederholung der Lexik zum Wortfeld *le sport***, insbesondere im 1. Lernjahr, angezeigt. Zudem kann die Lehrkraft das auf den Quizkarten verwendete Vokabular vorher sichten und sprachlich vorentlasten. Allerdings erschließen sich viele Begriffe **aus dem Kontext**, werden international benutzt und sind somit ***mots transparents*** für die Lernenden.

DIDAKTISCHE ÜBERLEGUNGEN

Im gesellschaftlichen Leben aller Nationen spielt der **Sport** eine wichtige Rolle und ist somit ein verbindendes Element beim **interkulturellen Lernen.**

Die **ganzheitliche Herangehensweise** durch ein simuliertes Fußball-Frage-Antwort-Spiel betont Gemeinsamkeiten und Unterschiede in beiden Kulturen, der französischen sowie der deutschen.
Das Quiz *Allez les Bleus !* soll hier unbedingt **Spiel** bleiben, in dem der sprachliche Zuwachs dem interkulturellem Lernen untergeordnet ist. (vgl. „Rangordnung" der Kompetenzen)
Nach dem Spiel können dann anschließend **weiterführende Unterrichtsverfahren zum Thema Sport** angeboten werden, in denen wieder die Spracharbeit vorrangig ist. Themen aus den Quizkarten werden dabei vertieft.

- 1. Lernjahr:
  Die Schüler verfassen eine **Umfrage** (***sondage***) **zum Thema Sport** für ihre Mitschüler sowie Parallelklassen. Mögliche einfache Fragestellungen wären:
  - *Tu fais du sport* ? (disciplines au choix)
  - *Où est-ce que tu pratiques ton sport* ? (multiple choix)
  - *Quel sport aimerais-tu faire* ?

  Etwa sieben Fragen, oft mit Mehrfachantworten sind ausreichend.

  Die Auswertung der *sondage* könnte in einer Grafik dargestellt und auf der Website der Schule veröffentlicht werden (Entwicklung der Medienkompetenz).

- 2. Lernjahr:
  Die Schüler stellen in Partnerarbeit **frankophone Sportler** vor, indem sie mithilfe des Internets ein ***portrait-robot*** ausfüllen, z. B. zu den Aspekten: *Qui/nationalité/quel sport/carrière : médailles, champion(ne) en …/famille/préférences* etc.
  Auf der Grundlage ihrer Recherche simulieren die Lernenden zu zweit ein **Interview** mit ihrer sportlichen Persönlichkeit, ohne deren Namen vorab zu nennen (Hinführung zum freien Sprechen, nur gestützt auf *mots clés* im *portrait-robot*).
  Die zuhörende Lerngruppe (*le public*) erhält den **Hörauftrag**:
  Qui est-ce ? (Aufmerksamkeit wird fokussiert, integratives Hörverstehen gefördert).

- 3. Lernjahr:
  In Kleingruppen (drei bis vier Schüler) recherchieren die Lernenden im Internet zu den auf den Quizkarten erfragten **sportlichen Wettkämpfen und Events** (z. B. zu *le Tour de France/les Jeux Olympiques/l'Euro de foot/le Rallye de Dakar etc.).*
  Sie machen zu ihrem jeweiligen Thema ein ***exposé*** in der Form einer **PowerPoint-Präsentation** (integrative Förderung der Fertigkeiten: *lire dans le net/rédiger un texte avec illustration/présenter et parler* und der fächerübergreifenden Medienkompetenz/sinnvolle Übung für den Mittleren Schulabschluss)

Pour en finir, das hier vorgestellte Spiel *Allez les Bleus !* ist auch gut für **Vertretungsstunden** geeignet, gerade weil es ein ***jeu pour s'amuser*** ist!

M1 SPIELPLAN ALLEZ LES BLEUS !

3^e shoot = but

3^e shoot = but

but

2^e shoot

2^e shoot

1er shoot

1er shoot

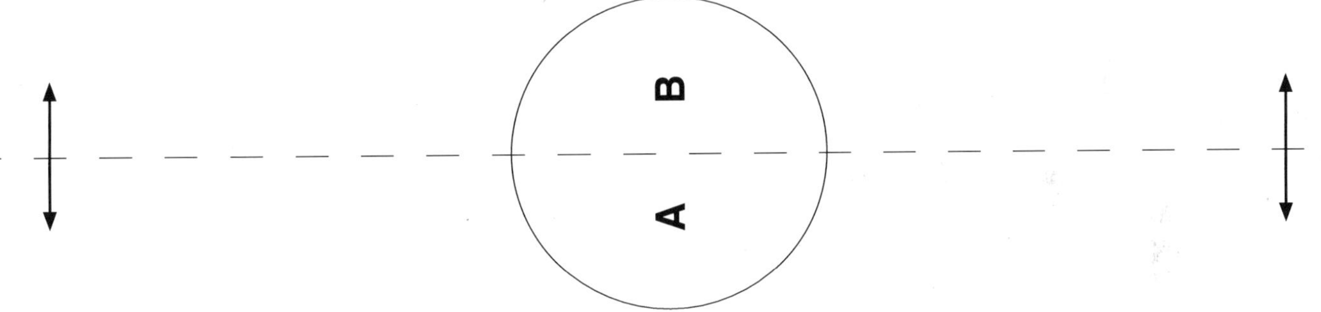

1er shoot

1er shoot

2e shoot

2e shoot

but

3e shoot = but

3e shoot = but

M2 26 QUIZKARTEN (Q = QUESTION / R = RÉPONSE) + 1 JOKER

Q Donnez un club de foot français. **R** *PSG (Paris Saint-Germain)/Olympique de Marseille/AS Monaco/Toulouse FC*	**Q** Où ont eu lieu les Jeux Olympiques en 2024 ? **R** *en France, à Paris*	**Q** Nommez trois disciplines sportives qu'on joue avec une raquette. **R** *Le tennis/le ping-pong (tennis de table)/le badminton*	**Q** Comment s'appelle le sport pour lequel il faut monter sur un animal ? **R** *monter à cheval/faire du cheval*

Q Quel est le surnom de l'Équipe nationale de foot de France ? **R** *les Bleus*	**Q** Donnez trois endroits/immeubles qui sont faits pour faire du sport. **R** *Le stade/la piscine/le gymnase/la salle de musculation/danse*	**Q** Quel est l'événement sportif le plus important pour les cyclistes ? **R** *Le Tour de France*	**Q** Qui est Zinédine Zidane ? **R** *Le meilleur joueur de foot de France qui était champion du monde en 1998 et a gagné l'Euro en 2000.*

Q Que veut dire *Klettern* en français ? ***R*** *faire de l'escalade*	**Q** Comment s'appelle la personne qui siffle un match de foot ? **R** *l'arbitre*	**Q** Où s'est déroulé l'Euro de foot en 2024 ? **R** *en Allemagne*	**Q** Qui est Pierre de Coubertin ? **R** *C'est un Français qui a créé les Jeux Olympiques modernes (en* 1894).

Q Comment s'appelle le sport populaire en France qui se joue sur une piste de sable en plein air ? **R** *boules ou pétanque*	**Q** Donnez trois sports qui ne se font pas en équipe. **R** *la danse/le ski/l'athlétisme/la natation*	**Q** De quelle couleur est le maillot de l'Équipe tricolore ? **R** *bleu*	**Q** *Wandern* – c'est aussi une activité sportive. C'est quoi en français ? **R** *faire de la randonnée/marche*

Q Donnez trois joueurs français de foot. **R** *Mbappé/Griezmann/Kanté/Camavinga/Dembélé/Giroud*	**Q** Quel sport est-ce qu'on peut patiquer dans la rue ? Donnez-en trois. **R** *faire du vélo/du jogging/du basket-ball/du skate(board)*	**Q** Qui est Surya Bonaly ? **R** *Une patineuse artistique française qui a gagné beaucoup de médailles.*	**Q** Comment s'appelle le plus long rallye en auto/moto dans le désert africain ? **R** *Le Rallye Dakar*

Q Pour qui est le maillot jaune sur le Tour de France ? **R** *pour le cycliste le plus rapide du Tour*	**Q** Quelles sont les trois disciplines „corps à corps", des sports de combat ? **R** *la boxe/le judo/le karaté/le rugby*	**Q** Dans quels pays va se dérouler la Coupe du Monde en 2026 ? **R** *aux Etats-Unis/au Canada/au Mexique*	**Q** Nommez trois sports qui se jouent avec un ballon. ***R*** *Le foot/le volley/le basket-ball/le hand-ball*

Q Connaissez-vous un/e joueur/se de tennis français/e ? **R** *Yannik Noah/Arthur Fils/Amélie Mauresmo/Marion Bartoli*	**Q** Quels sont les trois sports qui ne prennent pas part aux Jeux Olympiques ? **R** *le baseball/le karaté/le basket-ball*	**???** **??? joker** **??? pour l'arbitre**

INFORMATIONEN FÜR DIE LEHRKRAFT

Kompetenzen: Verfügen über sprachliche Mittel/interkulturelle Kompetenz

EINBETTUNG IN DEN LEHRPLAN

- 1. Lernjahr:
  Die Schüler können sich zu folgenden Themen sprachlich äußern:
  c'est moi/ma famille/ma chambre/mon quartier/mes hobbys/ mes animaux/tourisme
  weitere Vorkenntnisse zum Spiel: *la semaine/l'année/l'alphabet/l'heure/ chiffres 1–100/le présent/le futur composé*

- 2. Lernjahr:
  Die Schüler können sich zu folgenden Themen sprachlich äußern:
  mes copains et moi/mon portable/mon look/idoles/musique/sport/amitié/conflits/pays/langues
  weitere Vorkenntnisse zum Spiel: *la date/le passé composé/les adjectifs/ chiffres 1–1000*

- 3. Lernjahr:
  Die Schüler können sich zu folgenden Themen sprachlich äußern:
  les fêtes/le cinéma/le système scolaire/sites de Paris/villes de France/francophonie
  weitere Vorkenntnisse zum Spiel: *le subjonctif/l'imparfait/le conditionnel (les phrases conditionnelles)/chiffres* $\geq$ *1000*

SPIELANLEITUNG

Das Spiel *triangle magique* besteht aus **25 bezifferten Dreiecken** (siehe **Spielplan M1**). Jedem dieser Dreiecke ist eine Aufgabe zugeordnet (vgl. **Beispielaufgaben M2/M3/M4** für Lernjahr 1 bis 3).

Die Schüler wählen eine **beliebige Zahl** aus und die Lehrkraft liest die **zugeordnete Aufgabe** vor. Ist die Lösung korrekt, können die Lernenden weitere Zahlen auswählen und die entsprechenden Aufgaben lösen, bis sie **ein *triangle magique* gebildet** und damit gewonnen haben Ein *triangle magique*, wird aus **4 Dreiecken** gebildet. Die Zahlen **15/19/23/24** formen zum Beispiel *un triangle magique*, ebenso **4/6/8/9**, aber auch **10/11/14/18** (siehe Spielplan **M1**)

Die Spieldauer kann erfahrungsgemäß bis zu 45 Minuten dauern.

STUNDENVERLAUF/METHODISCHE HINWEISE

In der Praxis hat es sich bewährt, den **Spielplan** des *triangle magique* auf ein White- bzw. Smartboard zu projizieren und die Klasse in **zwei** (maximal drei) **Gruppen** einzuteilen, **die gegeneinander spielen**.

Beim Lösen der jeweiligen Aufgabe können die Schüler sich kurz beraten, bevor sie ihre verbindliche Antwort geben.

Dabei werden die Lernenden bald erfahren, dass sie konzentriert allen Aufgabenstellungen folgen müssen, falls sie die Bildung eines *triangle magique* der gegnerischen Gruppe **strategisch** verhindern wollen.

Die Lehrkraft übernimmt die **Spielleitung** und entscheidet, ob eine Aufgabe korrekt gelöst wurde. **Nur sie verfügt über die Aufgabenstellungen sowie Lösungen** (vgl. **M2/M3/M4**). Es ist hilfreich, einen ***secrétaire*** zu benennen, der auf dem Spielplan die Spielzüge der Gruppen farblich hervorhebt.
Die Lösungen verbleiben in der Regel in der Hand des Lehrenden, können aber zur Nachbereitung für die Klasse auch kopiert werden.

DIDAKTISCHE ÜBERLEGUNGEN

Das Spiel ermöglicht die **Wiederholung und Festigung** vielfältiger sprachlicher Mittel *(grammaire/vocabulaire/phrases)* und fördert **Kenntnisse** über **die frankophone Kultur und Lebensart**.
Die Lehrkraft kann die Aufgaben dem jeweiligen Lernstand der Lerngruppe anpassen und somit thematische und/oder grammatische bzw. lexikalische Schwerpunkte setzen.

Das *triangle magique* eignet sich ebenso zum **spielerischen Üben vor einer Klassenarbeit** sowie zum **Wiederholen einer *unité***.
Auch in **Vertretungsstunden** lassen sich die hier aufgelisteten Beispielaufgaben motivierend einsetzen.

Beim wiederholten Spielen des *triangle magique* können auch Schüler die Aufgaben erstellen und die Rolle der Spielleitung übernehmen, wodurch die **sprachliche Interaktion in der Zielsprache Französisch zum authentischen Sprachhandeln** führt und somit die kommunikative Kompetenz des Sprechens gefördert wird.

M1 SPIELPLAN TRIANGLE MAGIQUE

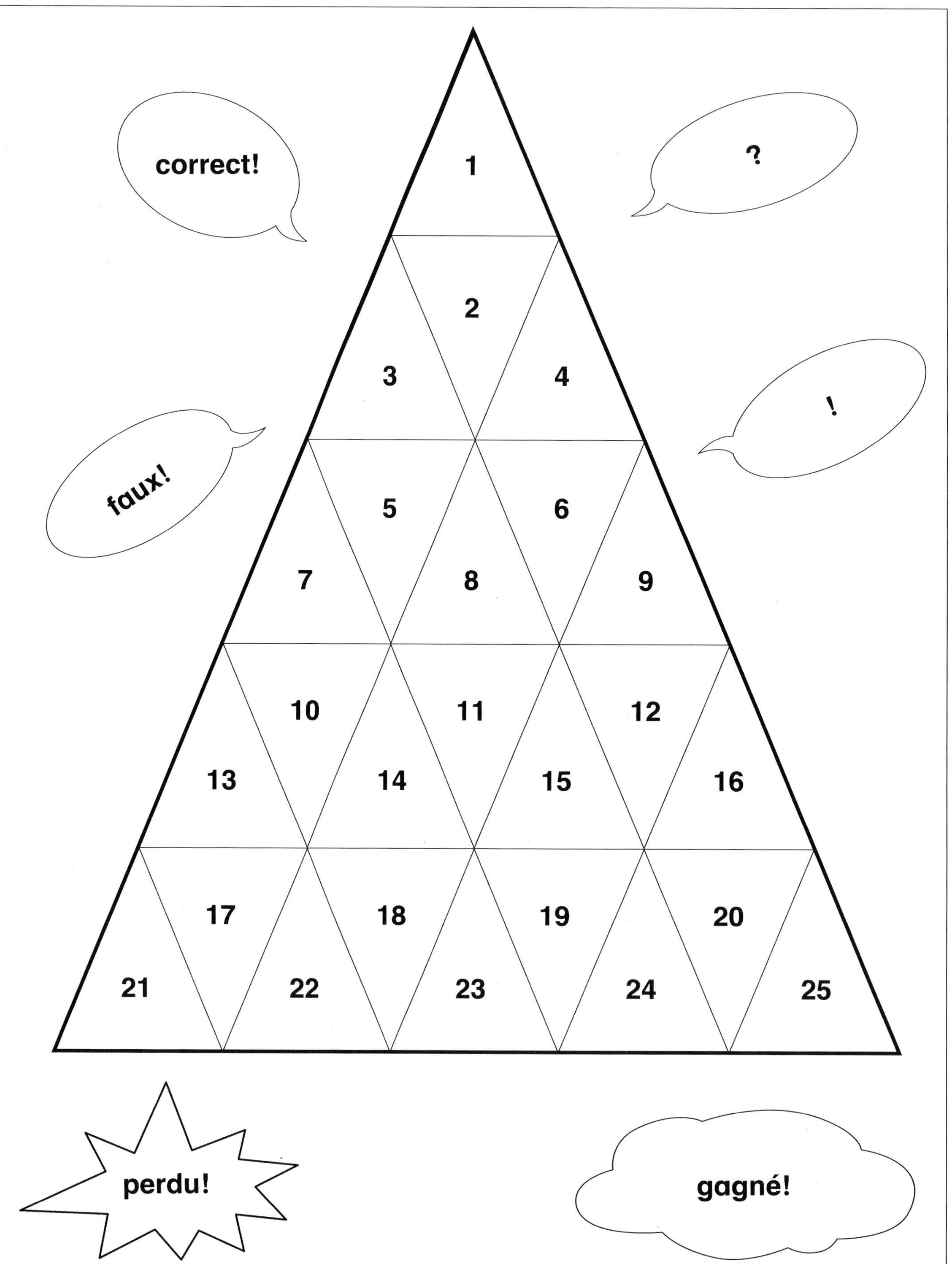

BEISPIELE FÜR TRIANGLES MAGIQUES

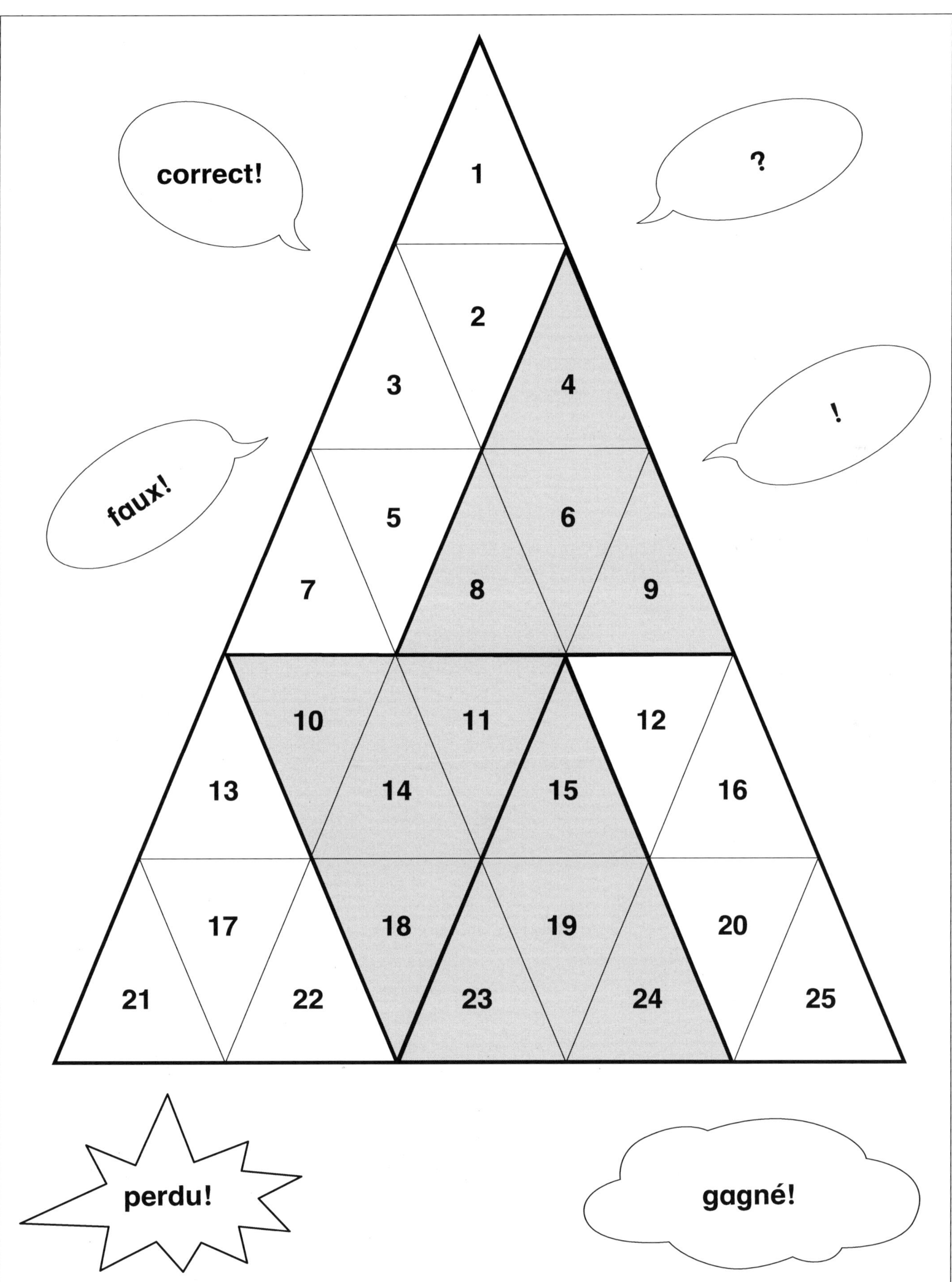

M2 BEISPIELAUFGABEN

Beispielaufgaben für das 1. Lernjahr:

triangle	tâches	solutions
(1)	Tu as quel âge ?	J'**ai** … ans.
(2)	Conjugue le verbe *être.*	suis, es, est, sommes, êtes, sont
(3)	Quels sont les jours de la semaine ?	lundi, mardi, mercredi, jeudi, vendredi, samedi, dimanche
(4)	Compte de 70 à 80 !	soixante-dix, soixante et onze, soixante-douze, soixante-treize, soixante-quatorze, soixante-quinze, soixante-seize, soixante-dix-sept, soixante-dix-huit, soixante-dix-neuf, quatre-vingts
(5)	Dis en français : *ich weiß nicht*	je ne sais pas
(6)	Donne cinq animaux.	chat, chien, perroquet, souris, lapin …
(7)	Comment s'appelle *le Président* français ?	Emmanuel Macron
(8)	Qu'est-ce que tu aimes faire après l'école ? donne trois activités.	j'aime écouter de la musique, chatter, jouer aux jeux vidéo, lire
(9)	Epelle le mot *hobby*.	(aʃ/o/deux/be/igrɛk phonetische Symbole!)
(10)	Où habitent tes grands-parents ?	Il**s h**abitent à, en, dans la rue …
(11)	Conjugue le verbe *avoir.*	ai, as, a, avons, avez, ont
(12)	Nomme les trois accents français.	accent grave, accent aigu, accent circonflexe
(13)	Compte de 81 à 90.	quatre-vingt-un, quatre-vingt-deux, quatre-vingt-trois, quatre-vingt-quatre, quatre-vingt-cinq, quatre-vingt-six, quatre-vingt-sept, quatre-vingt-huit, quatre-vingt-neuf, quatre-vingt-dix

(14)	Où se trouve *La Tour Eiffel ?*	à Paris
(15)	Dis en français : *Alles Gute zum Geburtstag.*	bon/joyeux anniversaire!
(16)	Donne 7 membres de la famille.	père, mère, parents, frère, sœur, enfants, oncle, tante, cousin/e, fils, fille
(17)	Où vas-tu passer tes grandes vacances ?	je **vais/**on **va** passer … en Turquie, à la mer, chez …, rester à la maison
(18)	Epelle le mot : *magique.*	(ɛm / a / ʒ e / i / ky / y / ə) phonetische Symbole!
(19)	Qu'est-ce qu'il y a dans ta chambre ? Donne 5 meubles.	Il y a un lit, un bureau, une armoire, des étagères, un ordinateur, un fauteuil
(20)	Quelle heure est-il ?	Il est … heures (l'heure actuelle)
(21)	Nomme les douze mois de l'année.	janvier, février, mars, avril, mai, juin, juillet, août, septembre, octobre, novembre, décembre
(22)	Quel sport fais- tu ? Donne 3 idées.	je fais du foot, de la danse, du judo, du tennis, de la natation, du vélo
(23)	Compte de 91 à 100.	quatre-vingt-onze, quatre-vingt-douze, quatre-vingt-treize, quatre-vingt-quatorze, quatre-vingt-quinze, quatre-vingt-seize, quatre-vingt-dix-sept, quatre-vingt-dix-huit, quatre-vingt-dix-neuf, cent
(24)	Que veut dire EPS ?	Education Physique et Sportive/sport comme matière scolaire
(25)	Qu'est-ce qu'il y a dans ton quartier ? Donne 5 immeubles ou lieux.	il y a un parc, un cinéma, un stade, des cafés, restaurants, maisons

M3 BEISPIELAUFGABEN

Beispielaufgaben für das 2. Lernjahr:

triangle	tâches	solutions
(1)	Donne 5 vêtements avec adjectif, p.ex. une belle robe.	une jupe courte, un jean bleu, un chapeau branché, une chemise noire une jolie veste, un beau manteau
(2)	Trouve le mot français pour *smart-phone.*	le (téléphone) portable
(3)	Où est-ce que tu as été hier après-midi ?	j'ai été chez un(e) ami(e), à la maison, en ville …
(4)	Quel est le prénom de *la femme du Président Macron ?*	Brigitte
(5)	Dis ce chiffre-ci en français : 785.	sept cent quatre-vingt-cinq
(6)	Quelles langues parles-tu ?	allemand, anglais, français, turque, arabe, ukrainien …
(7)	Nomme 7 pays en français.	la France, l'Allemagne, l'Italie, la Turquie, l'Angleterre, l'Espagne l'Amérique, le Canada, l'Ukraine …
(8)	Qu'est-ce que tu as fait le week-end ? Donne 3 activités au passé composé.	J'ai fait du vélo, j'ai joué au foot, on est allés au cinéma, j'ai beaucoup dormi.
(9)	Traduis *: viel Glück !*	bonne chance/bon courage !
(10)	Où se termine toujours le Tour de France ?	à Paris
(11)	On est quelle date aujourd'hui ?	On est (lundi), (30 décembre), (2024)
(12)	Quel/le chanteur/euse, rappeur/euse francophone connais-tu ?	Stromae, Angèle, Jul, Soumeya …
(13)	Traduis : *Ich habe lange gewartet.*	J'ai attendu longtemps.

(14)	Comment s'appelle le club de foot de Paris ?	PSG (Paris Saint-Germain)
(15)	Décris ton/ta meilleur/e ami/e – Trouve 3 adjectifs pour la/le caractériser	il/elle est gentil/le, drôle, secourable
(16)	Compte de 990 à 1000 !	neuf cent quatre-vingt-dix, neuf cent quatre-vingt-onze, neuf cent quatre-vingt-douze, neuf cent quatre-vingt-treize neuf cent quatre-vingt-quatorze, neuf cent quatre-vingt-quinze, neuf cent quatre-vingt-seize, neuf cent quatre-vingt-dix-sept, neuf cent quatre-vingt-dix-huit, neuf cent quatre-vingt-dix-neuf, mille
(17)	Où est-ce que ta famille est allée en vacances l'été dernier ?	nous sommes/on est allé/s en (pays), à (ville), sur l'île de …
(18)	Traduis: *Sie wird im Internet gemobbt.*	Elle est harcelée sur Internet.
(19)	Conjugue le verbe *: finir*	finis, finis, finit, finissons, finissez, finissent
(20)	Quel est le contraire de *chaud* ?	froid
(21)	En français *: Hast du meine Nachricht gelesen*?	Tu as lu mon texto ?
(22)	Tu es né(e) quand ?	je suis né(e) le (5 décembre, 2012)
(23)	Traduis : *coole Sonnenbrille*!	des lunettes de soleil branchées !
(24)	En français *: schöne Ferien!*	bonnes vacances !
(25)	Conjugue le verbe : *dormir* !	dors, dors, dort, dormons, dormez, dorment

M4 BEISPIELAUFGABEN

Beispielaufgaben für das 3. Lernjahr:

triangle	tâches	solutions
(1)	On vit en quelle année ?	en (deux mille vingt-quatre/cinq)
(2)	Comment dit-on en français : *Frohe Weihnachten*!	Joyeux Noël !
(3)	Traduis : *Ich will nicht, dass du traurig bist.*	Je ne veux pas que tu sois triste.
(4)	Donne 3 sites à Paris.	La Tour Eiffel, l'Arc de Triomphe Le Louvre, Les Champs-Élysées
(5)	Comment s'appelle l'hymne national de France ?	La Marseillaise
(6)	Traduis : *als ich klein war*	quand j'étais petit(e)
(7)	Nomme un/e acteur/trice français/e.	Omar Sy, Léa Seydou, Timothée Chalamet …
(8)	Dis ce chiffre-ci en français : 7.893.	sept mille huit cent quatre-vingt-treize
(9)	Donne 3 pays où on parle le français.	la France, la Belgique, le Québec
(10)	Traduis : *Wenn ich du wäre, würde ich nicht zu der Party gehen.*	Si j'étais toi, je n'irais pas à la boum.
(11)	Conjugue à l'imparfait *: avoir*	avais, avais, avait, avions, aviez, avaient
(12)	Dis en français : *Frohes Neues Jahr!*	Bonne Année !
(13)	D'après le système scolaire français, tu serais en quelle classe ?	en 3e (Sek I)/en 6e (Primarstufe)
(14)	Quels personnages de la bédé francophone connais-tu ? Nommes-en 3 !	Astérix et Obélix, Tintin, Lucky Luke

(15)	Complète la phrase avec le verbe *faire* : Il faut qu'on … vite.	Il faut qu'on **fasse** vite.
(16)	Compte de 5.990 à 6000 !	cinq mille neuf cent quatre-vingt-dix cinq mille neuf cent quatre-vingt-onze cinq mille neuf cent quatre-vingt-douze cinq mille neuf cent quatre-vingt-treize cinq mille neuf cent quatre-vingt-quatorze cinq mille neuf cent quatre-vingt-quinze cinq mille neuf cent quatre-vingt-seize cinq mille neuf cent quatre-vingt-dix-sept cinq mille neuf cent quatre-vingt-dix-huit cinq mille neuf cent quatre-vingt-dix-neuf, six mille
(17)	Quel est le contraire du mot *ami* ?	ennemi
(18)	*Donne 5 villes en France.*	*Paris, Lyon, Strasbourg, Nice, Marseille*
(19)	Traduis *: Wenn du wüßtest!*	Si tu savais !
(20)	Où se déroule le festival du cinéma chaque année en France ?	à Cannes
(21)	Conjugue le verbe *faire* au conditionnel !	ferais, ferais, ferait, ferions, feriez, feraient
(22)	En quelle année a eu lieu la Révolution française ?	en 1789
(23)	Quelles trois anciennes colonies françaises font partie du Maghreb ?	l'Algérie, la Tunisie, le Maroc
(24)	Quel est le contraire de *la ville* ?	la campagne
(25)	Réponds : *Si tu avais déjà 18 ans, qu'est-ce que tu ferais ?*	Si j'avais 18 ans, je partirais pour …, je travaillerais …, je me reposerais

INFORMATIONEN FÜR DIE LEHRKRAFT

Kompetenzen: Schreiben/Sprachbewusstheit

EINBETTUNG IN DEN LEHRPLAN

Die Schüler erschließen die Gedichtstruktur eines „Elfchen" *(elfe)* und schreiben ein eigenes Elfchen zum Thema *Noël* (Alternative *Hiver*, siehe Didaktische Überlegungen).
Weitere Vorkenntnisse: Die Lernenden verfügen bereits über ein Vokabular zum *champ lexique Noël* (bzw. *hiver*).

QU'EST-CE QUE C'EST QU'UN ELFE?

Die Gedichtform „Elfchen" ist ein Begriff aus der Deutsch-Didaktik. Es umfasst elf Wörter, angelegt in fünf Zeilen, die so angeordnet sind, dass in vier Zeilen jeweils ein weiteres Wort hinzugefügt wird. Das letzte und somit 11. Wort steht allein in Zeile 5 und reimt sich dann mit dem 10. Wort in Zeile 4.

Z. 1	mot	
Z. 2	mot mot	
Z. 3	mot mot mot	
Z. 4	mot mot mot **mot**	**(rime)**
Z. 5	**mot**	**(rime)**

Die so erfolgte Anordnung der Wörter gleicht **der Form eines Tannenbaums**, woraus die Idee erwachsen ist, ***un elfe* als Weihnachtsgedicht** im Französischunterricht einzusetzen. Hierfür wurde der Begriff „Elfchen" auf das französische Wort *elfe* übertragen, wobei ein *jeu de mots* auf einer zweifachen Sprachebene beabsichtigt ist:

- semantisch: deutsch: **eine Elfe**, hier **der Weihnachtself**
  = französisch**: un elfe**
- phonetischer *faux ami* : deutsch: die **Zahl elf** (für 11 Wörter)
  klingt wie französisch : **elfe**

STUNDENVERLAUF/METHODISCHE HINWEISE

Benötigte Materialien:

- Pappe/Papier – grün bzw. weiß
- Scheren und farbige Filzstifte (von den Schülern mitzubringen)

Zum Stundenbeginn stellt die Lehrkraft das Modell ***un elfe pour Noël*** (drei Modelle zur Wahl unter **M1)** den Schülern vor, wobei die angezeigte **Form eines *arbre de Noël*** unbedingt beibehalten werden sollte, damit die Lernenden eine Vorlage für die Eigenproduktion haben.
Die Schüler **erkennen die Gedichtform** eines „Elfchen", und die Lehrkraft verdeutlicht diese durch eine **schematische Darstellung** (siehe*: Qu'est-ce que c'est qu'un elfe*).
Vor dem Schreiben eines eigenen Gedichts sollte das **Wordfeld *Noël* wiederholt** werden. Zielführend wäre hier eine vorbereitende Hausaufgabe, in der die Schüler aufgefordert werden, etwa 7–10 Weihnachtsbegriffe aufzulisten (vgl. ***champ lexique Noël* M2**). Die individuellen Listen müssen nicht im Klassenverband abgearbeitet werden, weil in bzw. nach der Schreibphase eine sprachliche Korrektur durch die Lehrkraft erfolgen wird. Falls nötig, kann die Lehrkraft die hier aufgeführte Liste (**M2**) den Schülern zur Verfügung stellen. Insbesondere aber **für die Reimbildung** sollten den Schülern hier **Lernhilfen** bereitgestellt werden (siehe **weitere Beispiele** für *un elfe pour Noël*, auch **Schülerprodukte/M3**).
Nachdem die Gedichte korrigiert wurden, können sie auf kleine grüne **Weihnachtsbäumchen** aus Pappe/Papier übertragen werden. Wünschenswert wäre hier, dass die Schüler selbst ihren ***arbre de Noël*** ausschneiden und basteln, vielleicht auch schmücken (Als Alternative kann auch die Lehrkraft Blanko-Bäumchen in den Unterricht mitbringen … *vive le bricolage des profs*!).
Zur Präsentation und damit Würdigung der Schülerprodukte könnten ihre *elfes pour Noël* in zwei unterschiedlichen Verfahren vorgestellt werden:

- Auf einem ***table de lecture*** von jeweils vier Schülern werden die Gedichte gelesen.
  oder
- Alle *arbres de Noël* werden im Klassenzimmer aufgehängt und die Schüler können sie in dieser **Galerie** betrachten.
  (In beiden Verfahren könnten die Lernenden aufgefordert werden, die schönsten Exemplare auszuwählen.)

Sollte die *rédaction d'un elfe pour Noël*, insbesondere hier *le bricolage de l'arbre de Noël* mehr Zeit als 45 Minuten in Anspruch nehmen, könnten die Schüler in häuslicher Arbeit diese beenden, vorausgesetzt ihre Schreibversion ist korrigiert.

DIDAKTISCHE ÜBERLEGUNGEN

Eine fremde Sprache mit **„Kopf, Hand und Herz"** zu lernen, ist eine Prämisse des modernen Fremdsprachenunterrichts, die beim Einsatz des *elfe pour Noël* erfüllt wird: Die Struktur des Gedichts muss zunächst von den Lernenden intellektuell begriffen, dann eine eigene analoge Version verfasst und abschließend handwerklich in die Form eines Weihnachtsbäumchens übertragen werden. Das Herz ist erfahrungsgemäß auch dabei (vgl. dazu die Schülerprodukte **M3**).

Entscheidend ist beim Lerngegenstand Gedicht immer **die Würdigung der Schülerprodukte**, hier die Präsentation im Klassenraum oder gar die Veröffentlichung einiger besonders gelungener Exemplare auf der Website der Schule zur Weihnachtszeit. Außerdem lieben Schüler es, ihre Bäumchen im privaten Bereich als Weihnachtskarte oder Baumschmuck zu verwenden. Sollten in einer Lerngruppe zahlreiche Muslime und/oder Juden sein und ihren Unwillen bei der Themenwahl *Noël* bekunden, könnte ihnen vorgeschlagen werden, ein **Wintergedicht** zu schreiben (siehe dazu ***champ lexique : hiver*** **M2** sowie **Beispiele für *un elfe d'hiver* M4** – dann ist es eben eine verschneite Tanne).

M1 MODÈLE: ***Un elfe de Noël***

Le
Père Noël
descend du ciel
pour faire des *cadeaux*
bravo!

Il
est gros
porte un manteau
arrive dans la *nuit*
Oui!

Noël
au sapin
les boules brillent
les bougies sont *allumées*
fêtez!

rédigés par R. Chantoiseau

M2 **CHAMPS LEXIQUES :**

pour Noël

- ✔ le Père Noël/Papa Noël
- ✔ faire/apporter/donner des cadeaux à …
- ✔ gentil/gros/une longue barbe blanche
- ✔ porter un manteau rouge/un bonnet rouge/des bottes (f)
- ✔ les rennes (f)/tirer une luge/descendre du ciel
- ✔ glisser par la cheminée/dans la nuit/manger des biscuits
- ✔ les enfants/être sages/impatients/contents/attendre
- ✔ l'arbre (m)/le sapin de Noël/décorer/la parure/les boules (f)/l'étoile (f)/les bougies (f)/allumer/briller
- ✔ les elfes (m)/aider/bricoler/emballer les cadeaux (m)
- ✔ le réveillon/fêter en famille/déjeuner/une bûche/souhaiter : Joyeux Noël

pour l' hiver

- en hiver/il fait froid/il neige
- la neige/les flocons (m) de neige
- tomber en silence/dans la nuit
- la forêt/les sapins
- faire un bonhomme de neige
- faire du ski dans la montagne
- faire une bataille de boules (f) de neige
- pâtiner sur un lac gelé/glisser sur la glace

M3 EXEMPLES POUR UN ELFE DE NOËL

Noël
la nuit
une nuit spéciale
tout le monde *fête*
chouette !

Voilà
les enfants
sages attendent devant
la cheminée au *salon*
bon !

Je
t'achète
un beau cadeau
et souhaite joyeux *Noël*
sensationnel !
(Schülerprodukt)

La
Mère Noël
est très belle
elle donne les *beaux*
cadeaux
(Schülerprodukt)

Les
grands-parents
sont très contents
et les enfants *aussi*
ici
(Schülerprodukt)

M4 EXEMPLES POUR UN ELFE D'HIVER

Hiver
en silence
la neige tombe
tous sont ensemble *ici*
paradis !

Voilà
les flocons
dansent au bois
comme il fait *froid*
***moi* !**

Faire
du ski
dans la montagne
avec tous les *copains*
bien !

rédigés par R. Chantoiseau

INFORMATIONEN FÜR DIE LEHRKRAFT

Kompetenzen: Schreiben/Textgestaltung

EINBETTUNG IN DEN LEHRPLAN

Die Schüler gestalten sprachlich ein Kalenderblatt und illustrieren ihre Ideen zum jeweiligen Monat.
Weitere Vorkenntnisse: Die Lernenden kennen die Jahreszeiten (les saisons) und die Monate (les mois). Sie verfügen über sprachliche Mittel zum Wetter (le temps) und zu Freizeitaktivitäten (les activités).

LA RÉDACTION D'UN CALENDRIER DANS LE COURS DE FRANÇAIS

Warum einen Kalender im Französischunterricht erstellen? Nun, ein Kalender ist ein vortrefflich geeignetes Operationsobjekt für das **zielgerichtete Schreiben**. Es fordert die Beschriftung der zwölf Monate ein. Zur **Textgestaltung eines Kalenderblatts** bietet sich inhaltlich an, dass die Schüler **das Wetter** in den verschiedenen Monaten und die in diesen Jahreszeiten typischen **Freizeitaktivitäten** beschreiben.
Jeder Kalender zeigt Bilder, z. B. Landschaften, berühmte Gemälde oder Tiere. Hier im Mini-Projekt *rédaction d'un calendrier* gestalten die Lernenden ein Bild passend zu ihrem Text auf dem Kalenderblatt.
Die übliche Darstellung der Kalendertage ist nicht nötig, lediglich die **Auflistung der Geburtstage der Mitschüler** erscheint sinnvoll.
In einer **Maske zur Gestaltung eines Kalenderblatts** werden die o. g. Überlegungen strukturiert dargestellt (vgl. **M1**) und die **mögliche Umsetzung** wird **exemplarisch** aufgeführt (vgl. **M4**). Ein **Deckblatt** (*couverture*) gilt es ebenso zu gestalten (vgl. auch dazu **M1**)

STUNDENVERLAUF/METHODISCHE HINWEISE

Folgende Materialien werden benötigt und sollten vorzugsweise von den Schülern mitgebracht werden:
- Filz- und Buntstifte
- Schere
- farbige Zeitschriften
- Klebstoff

Zu Stundenbeginn stellt die Lehrkraft das Unterrichtsvorhaben *la rédaction d'un calendrier pour la nouvelle année* vor, wobei sinnstiftend der **didaktische Lernort** des Mini-Projekts am Anfang eines neuen Kalenderjahres stehen sollte.
Zur Verdeutlichung der Textgestaltung wird die **Struktur eines Kalenderblatts** visualisiert (**M1** / *masque en copie ou projeté*), die Schüler nennen mündlich Beispiele zu den vorgegebenen Aspekten und wiederholen so das notwendige Vokabular. Zu diesem Zeitpunkt sollten sie noch nicht auf die **Lernhilfen zum Wetter** (vgl. **M2**) sowie zu **Freizeitaktivitäten** (vgl. **M3**) zugreifen können. Erst in der Schreibphase werden diese den Lernenden zur Verfügung gestellt, z. B. durch einen Aushang im Klassenraum oder auf dem PC-Bildschirm, zu dem sie sich bei Bedarf hinbewegen müssen.
Danach erfolgt die Einteilung der Schüler in **Partnerarbeit**, d. h. jeweils zwei Schüler erarbeiten ein Kalenderblatt zu einem ausgewählten Monat:
2 Schüler x 12 Monate = 24 Schüler
+ 2 Schüler zur Gestaltung des Deckblatts = 26 Schüler

Sollten Lerngruppen größer als 26 Schüler sein, so bietet sich an, die verbleibenden Schüler zu ***rédacteurs*** zu machen, die mithilfe der o.g. Wortlisten (**M2/M3**) die Lehrperson bei der Korrektur der Textproduktion unterstützen und ihren Mitschülern Anregungen zur bildnerischen Gestaltung geben können.
In der Phase der *rédaction* sollten die Schüler zunächst einen **Entwurf** (*brouillon*) erarbeiten, den sie der Lehrkraft und/oder den *rédacteurs* **zur Korrektur** vorlegen, bevor sie dann ihr Kalenderblatt in der **endgültigen Fassung** auf ein farbiges DIN-A4-Papier (z.B. vom Fach Kunst der Schule gestellt?) übertragen.
Am Ende der Stunde von 45 Minuten werden **alle Schülerprodukte** auf Tischen **zur Ansicht** ausgelegt, egal ob sie bereits fertiggestellt sind oder nicht (Ein Hinweis für die zeitliche Begrenzung der Schülerarbeit zu Beginn der Schreibphase ist hier zielführend). Schüler können ggf. ihre Kalenderblätter in häuslicher Arbeit beenden bzw. überarbeiten, was erfahrungsgemäß kein Problem darstellt und gerne als Hausaufgabe angenommen wird.
Als Abschluss des Unterrichtsvorhabens sollten **die Blätter zum Kalender gebunden** und **im Klassenzimmer gut sichtbar aufgehängt** werden, denn es sollte unbedingt mit den Schülerprodukten immer wieder im Unterricht gearbeitet werden (siehe Anregungen dazu unter „Didaktische Überlegungen").

DIDAKTISCHE ÜBERLEGUNGEN

Neurobiologisch betrachtet, erzeugen Bilder Emotionen; hier fördert die **fremdsprachliche Verbindung von Text und Bild** zur Gestaltung eines Kalenders **ein ganzheitliches Lernen**, was besonders im Anfangsunterricht in den Schülern positive Gefühle beim Erwerb der französischen Sprache hervorruft.
Die zielgerichtete schriftliche Sprachproduktion auf dem jeweiligen Kalenderblatt ermöglicht **eine Reaktivierung sowie Festigung des Vokabulars** zu den *champs lexiques temps et activités.* Die Schülerprodukte sind in dem Kalender jeden Monat sichtbar, sodass die sprachlichen Mittel ihnen immer wieder „vor Augen geführt" werden.
Ferner **differenziert** die sprachliche Gestaltung die Schülerprodukte, denn die Lernenden können gemäß ihres Sprachwissens ihren Text frei verfassen und auch entscheiden, ob sie die Lernhilfen (**M2/M3**) in Anspruch nehmen wollen.
Eine **Produktorientierung** von Schülerleistungen sollte stets besonders gewürdigt werden, hier einerseits durch das Auslegen der Kalenderblätter am Ende der Unterrichtsstunde, wodurch die **Prozesshaftigkeit** der Text- und Gestaltungsproduktion verdeutlicht wird. Andererseits erfahren die Lernenden Monat für Monat eine **Wertschätzung ihres Produkts** durch den Aushang des Kalenders, insbesondere aber, **wenn mit ihrem Kalenderblatt weiterhin im Französischunterricht gearbeitet wird.**
Folgende weitere Unterrichtsverfahren immer auf der Grundlage eines Kalenderblatts ermöglichen eine Vertiefung der sprachlichen Mittel:

Für das 1. Lernjahr:

- *La météo de la journée : on est/nous sommes le … (mois)*
  Il fait …/il pleut/il y a … (temps)
- *Ma journée/exemple : On est le 20 mai, aujourd'hui, il fait beau et je vais au parc avec mes copains où on joue au ping-pong. Puis on fait un pique-nique.*

Für das 2. Lernjahr:

- *Mes vacances/exemple : En août, j'ai été en vacances. Nous sommes allés en Italie. Le soleil a brillé et on a nagé dans la mer. J'ai fait de la planche à voile. Un jour il y a eu un orage terrible.*

Abschließend noch eine kurze Bemerkung zur Einsprachigkeit im Französischunterricht: *Quelle horreur – les élèves ne parlent pas français pendant qu'ils rédigent leur calendrier … bien sûr que non !* Der Schwerpunkt der Stunde liegt auf der Textproduktion – es lebe die „aufgeklärte Einsprachigkeit"!

M1 MASQUE POUR LA RÉDACTION DES 12 MOIS DE L'ANNÉE

- **le mois :** *Janvier*

- **la saison :** *c'est l'hiver*
- **quel temps fait- il ?** *il neige*

- **dessin/image/collage**

- **activités :** *on fait du ski*

- **anniversaire de qui ?** *le 12 janvier, c'est l'anniversaire de …*

M1 COUVERTURE DU CALENDRIER/EXEMPLE

Calendrier pour 20 …

de la classe : …

– illustration –

Vœux pour la nouvelle année

M2 EXPRESSIONS POUR DÉCRIRE LES SAISONS ET LE TEMPS

1. Lernjahr	2. Lernjahr (additiv)
▶ **les saisons :**	
C'est l'hiver (m)	en hiver
le printemps	au printemps
l'été (m)	en été
l'automne (m)	en automne
▶ **le temps :**	
✔ il fait beau	il fait toujours beau
✔ il fait froid	il fait très froid/il gèle
✔ il fait chaud	il fait trop chaud
✔ il pleut	il pleut souvent
✔ il neige	il neige un peu/ il ne neige plus
✔ le soleil brille	il y a du soleil
✔ le ciel est bleu/gris	il y a des nuages (m)
	il y a du vent
	il y a de l'orage (m)

M3 EXPRESSIONS POUR DÉCRIRE LES ACTIVITÉS

1. Lernjahr

▶ Les activités :

- **faire** des balades (f)
- du vélo
- du sport
- du shopping
- un pique-nique
- un bonhomme de neige

- **aller** au parc
- à la piscine
- au cinéma
- dans le jardin
- chez des ami(e)s

- **jouer** à l'ordinateur
- aux cartes
- au foot
- au ping-pong
- du piano

- manger une glace
- écouter de la musique
- regarder les clips-vidéo
- nager dans la mer
- être à la maison

2. Lernjahr (additiv)

faire des randonnées (f)
de la planche
la fête
un tour en ville
pique-niquer
une bataille de neige

aller au stade
en ville
à une boum
dans la forêt
en montagne
voir les copains/copines

jouer aux jeux vidéo
aux échecs
au volley
au badminton
de la guitare

sortir le soir

lire dans sa chambre

écrire des textos

nager dans un lac

rester à la maison

M4

janvier

C´est l´hiver – il fait (trés) froid.

On fait du ski.

(On reste à la maison.)

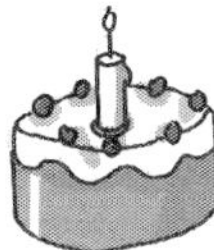

Le ... janvier, c´est l´anniversaire de ....

février

En hiver, il neige (beaucoup).

On fait un bonhomme de neige.

(On fait une bataille de boules de neige.)

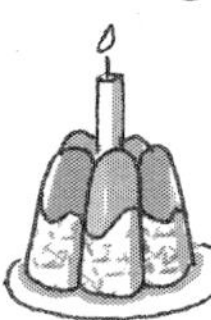

Le ...février, c ´est l'anniversaire de .....

mars

C´est le printemps – (le soleil s´annonce).

On joue dans le jardin.

(On va dans la forêt.)

Le... mars, c´est l´anniversaire de ....

avril

Il pleut (souvent). Il y a des nuages.

On va au cinéma.

(On va à une boum.)

Le... avril, c´est l´anniversaire de ....

mai

Il fait beau – le ciel est bleu. (Il y a du soleil – il ne pleut plus.)

On fait du vélo – on joue au foot. (On fait de la planche – on pique-nique).

Le...mai, c´est l'anniversaire de............

juin

C´est l´été – il fait (toujours) beau.

On mange une glace.

(On sort avec les ami(e)s.)

Le...juin,c´est l'anniversaire de ....

M4

juillet

En été – il fait (très) chaud.

On va à la piscine. (On nage dans un lac.)

Le ... juillet, c´est l´anniversaire de ....

août

Il fait (trop) chaud. Le soleil brille.

(Il y a des orages.)

On fait du camping.

(On est en vacances à la mer.)

Le ... août, c´est l´anniversaire de ....

septembre

C´est l'automne – il fait toujours beau.

On joue au ping-pong. (au basket-ball).

On va au parc (au stade).

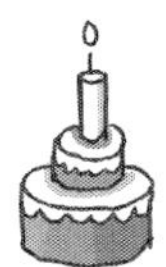

Le ...septembre, c´est l´anniversaire de ....

octobre

Il y a du vent. (Les feuilles tombent.)

On joue aux cartes.

(On lance un cerf-volant.)

Le ... octobre, c´est l´anniversaire de .....

novembre

Il pleut (beaucoup).– Le ciel est gris.

(En automne)

On va chez les copains.–

On écoute de la musique. (On lit au lit.– On rêve...)

Le ... novembre, c´est l´anniversaire de ....

décembre

Il fait (déjà) froid.

Il pleut.-Il neige (un peu).

(Noël approche.) Le père Noël arrive.

On fête Noël. On fait des cadeaux.

(On achète du chocolat/ des sucreries.)

Le ... décembre, c´est l´anniversaire de ....

INFORMATIONEN FÜR DIE LEHRKRAFT

Kompetenzen: Verfügen von sprachlichen Mitteln (hier Wortschatz)

EINBETTUNG IN DEN LEHRPLAN:

Die Schüler benennen zu ausgewählten Adjektiven die entsprechenden Antonyme, finden diese Gegensatzpaare im Memory-Spiel wieder und kontextualisieren sie schriftlich in Beispielsätzen.
Weitere Vorkenntnisse: Ab dem 2. Lernjahr können die Lernenden Adjektive grammatisch an Genus und Numerus angleichen, d. h. sie verfügen über die syntaktische Kenntnis zur Bildung des ‚accord'.

EIN MEMORY-SPIEL MIT ANTONYMEN-WORTPAAREN

In einem klassischen Memory werden zwei identische Abbildungen auf Spielkärtchen gesucht; hier im *mémory des antonymes* **bilden zwei Adjektive mit gegensätzlicher Bedeutung ein Paar**, z. B. *grand <> petit.* Insbesondere Adjektive eignen sich für diese Form der Paarbildung, weil sie die unterschiedlichen Gegebenheiten in unserem Leben sprachlich wiedergeben.
Die Gegensatz-Paare der Adjektive sind nach Lernjahren gestaffelt ausgewählt (siehe dazu **M1/M2/M3**):

- Im 1. Lernjahr sind alle Adjektive möglichst unveränderlich bzw. nur in der maskulinen Form vorgegeben, d. h. die Schüler müssen noch keinen ‚accord' beherrschen, weil die Adjektive unpersönlich benutzt werden können, wie z. B. *il fait froid<>chaud* (vgl. Lückentext **M4**).
- Im 2. Lernjahr sind die meisten Adjektive veränderlich, d. h. sie haben unterschiedliche feminine Endungen, mitunter auch unregelmäßige, z. B. *vieux (vieil)/vieille.*
- Im 3. Lernjahr bilden abstraktere Adjektive die Memory-Kärtchen und sind ebenso veränderlich in Genus und Numerus.

Alle Adjektive sind auf den **Spielkärtchen**, sofern veränderlich, in der maskulinen und femininen Endung geschrieben, so wie im französischen Wörterbuch. Die Pluralformen *s/es/x* können die Schüler selbstständig bilden, wenn sie die Angleichung der Adjektive beherrschen. Insgesamt wurde die semantische Auswahl der Adjektive an dem allgemein verwendeten Wortschatz in den Französischlehrwerken orientiert. Selbstverständlich kann die Lehrkraft die Auswahl der Adjektive dem Lernstand ihrer Lerngruppe anpassen, d. h. die **Spielkärtchen aus allen drei Bereichen M1/M2/M3** wählen, entsprechend erweitern, reduzieren oder andere hinzufügen.

STUNDENVERLAUF/METHODISCHE HINWEISE

Vor Stundenbeginn sollten die **Memory-Kärtchen** möglichst laminiert, aber unbedingt **ungeordnet in Briefumschlägen** für jeweils **zwei Schüler** bereit liegen (*Oui, c'est du travail … mais le matériel est réutilisable !*).
Alle Lernenden wissen, wie ein Memory-Spiel abläuft, sodass die Lehrkraft lediglich **die Besonderheit des Spiels mit Gegensatzpaaren** kurz erläutern muss, wobei ein, zwei Beispiele dies verdeutlichen sollten.
In **Partnerarbeit** könnte mit den Spielkärtchen der Adjektive in drei Phasen gearbeitet werden:

- **1. Phase: Wiederholung des Wortschatzes:** Alle Memory-Kärtchen werden aufgedeckt auf dem Tisch verteilt, und die Schüler ordnen die gegensätzlichen Adjektive einander in Wortpaaren zu. Mitunter lernen sie dabei auch einige neue Vokabeln dazu, die der Lehrer erklärt und ggf. auch visualisiert. Zudem kommt der Lehrkraft hier die Funktion des „Monitorings" zu, d. h. beim Rundgang durch die Spieler korrigiert sie und gibt Einhilfen. Als Sicherung können die Wortpaare abschließend vorgelesen werden.

- **2. Phase: Memory spielen**: Wie im klassischen Memory-Spiel werden alle Kärtchen durcheinander umgedreht auf dem Tisch ausgelegt. Nun suchen die Spieler die gegensätzlichen Begriffspaare, haben sie eins gefunden, legen sie es zu sich auf einen Stapel. Wer die meisten Paare besitzt, hat gewonnen.

- **3. Phase: *C'est le contraire de* …** (implizite Lernerfolgskontrolle):
Die Memory-Kärtchen werden verdeckt zu einem Stapel aufgeschichtet. Die Spieler ziehen abwechselnd ein Kärtchen und fragen ihren Mitschüler nach dem Gegenteil zu dem auf dem Kärtchen vermerkten Adjektiv, z. B. auf dem Kärtchen steht: *pauvre*, dann sagt der fragende Schüler: *C'est le contraire de riche* und der Partner antwortet: *pauvre*. Ist die Antwort korrekt, behält er das Kärtchen und verbucht einen Punkt.

Zum Schluss der Stunde von 45 Minuten (abhängig vom Leistungsstand der Lerngruppe und der Anzahl der Wortpaare) sollte die Überleitung zur schriftlichen Hausaufgabe erfolgen, in der die Lernenden ca. 7–10 Sätze mit ausgewählten Gegensatz-Adjektiven bilden, z. *B. Le lion est un animal **sauvage** – le lapin un animal **docile.**/Allez **à droite** – puis tournez **à gauche**./ Mon frère est **jeune** – ma grand-mère déjà **vieille.***

Für das 1. Lernjahr ist ein **Lückentext** lernförderlicher (vgl. **M4**).

DIDAKTISCHE ÜBERLEGUNGEN

In der Fremdsprachendidaktik ist allgemein anerkannt, dass das Lernen von Vokabular im Konstrukt des „**mentalen Lexikons**" angelegt wird, d. h. Wörter werden besser behalten, wenn sie Kategorien zugeordnet sind. Hier im *mémory des antonymes* werden **Adjektive gegensätzlicher Bedeutung** zugeordnet, können leichter im Wortschatz verankert werden und sind so leichter abrufbar.
Die Abfolge des Memory-Spiels in drei Phasen entspricht einer **lernförderlichen Progression** (vgl. Stundenverlauf/Methodische Hinweise):

- In der 1. Phase erfolgt **ein Wiedererkennen** von Adjektiven und deren **Zuordnung zu Gegensätzen**.
- In der 2. Spielphase müssen die Lernenden die Begriffspaare finden und dabei selektiv zuordnen. Insbesondere werden hier **die Konzentration** und **die Merkfähigkeit** der Anordnung der Spielkärtchen gefördert.
- Die 3. Phase ist besonders herausfordernd, denn die Schüler müssen nun durch die Ansicht eines Adjektivs auf einem Memory-Kärtchen das Gegenteil erfragen: *C'est le contraire de* … Dabei wird offensichtlich, ob sie die entsprechende Vokabel bereits **aktiv** verwenden können, d. h. es erfolgt eine **Autokorrektur bzw. positive Verstärkung**. Der Partner ist ebenso in diesem selbstgesteuerten Lernprozess involviert.

Will eine sinnvolle Wortschatzarbeit gelingen, sollten die neuen **Vokabeln** unbedingt **kontextualisiert** werden, denn isoliertes Wörterlernen entspricht nicht dem natürlichen Spracherwerb. Erst das vernetzte Bilden von Beispielsätzen mit den Antonymen der Adjektive ermöglicht einen weiteren Schritt zur **Verankerung des Wortschatzes im Langzeitgedächtnis**.

M1 MEMORY-KÄRTCHEN FÜR DAS 1. LERNJAHR / 10 BEGRIFFSPAARE

bête	intelligent
à droite	à gauche
nul	super
ensemble	seul
froid	chaud

ouvert	fermé
drôle	triste
grand	petit
joli	moche
tard	tôt

M2 MEMORY-KÄRTCHEN FÜR DAS 2. LERNJAHR / 13 BEGRIFFSPAARE

pauvre	riche
faible	fort, e
malade	sain, e
marrant, e	fatigant, e
méchant, e	gentil, le
intéressant, e	ennuyeux, se
heureux, se	malheureux, se
courageux, se	lâche
facile	difficile
beau, belle	laid, e

agressif, ve	doux, ce
long, ue	court, e
vite	lent, e

M3 MEMORY-KÄRTCHEN FÜR DAS 3. LERNJAHR / 15 BEGRIFFSPAARE

célèbre	**inconnu, e**
branché, e	**démodé, e**
égoïste	**altruiste**
mince	**gros, se**
sauvage	**docile**
large	**étroit, e**
fondu, e	**gelé, e**
aimable	**hostile**
jeune	**vieux, (vieil), vieille**

violent, e	paisible
marié, e	divorcé, e
naturel, le	artificiel, le
sucré, e	salé, e
délicieux, se	dégueulasse
bavard, e	silencieux, se

M4 TEXTE À TROUS

Trouvez les mots pour les trous : Voilà les adjectifs du memory !

grand **nul** **froid** **joli** **drôle** **ensemble** **à gauche**
faux **ouvert** **cool** **petit** **correct** **bête** **chaud**
à droite **moche** **fermé** **super** **seul** **triste**

Pendant la récré on joue ______________ (1) dans la cour. Un camarade reste dans la salle de classe. Il est ______________ (2).

J'aime beaucoup chatter avec les copains, c'est ______________ (3) bien! Si mon portable ne marche pas, c'est ______________ (4).

Ici, les voitures roulent ______________ (5), en Angleterre ______________ (6).

Mon ami mesure 1,67 m, son frère 1,83 m – alors il est plus ______________ (7) que son frère qui est plus ______________ (8).

Le soleil est là et il fait ______________ (9), il neige et il fait ______________ (10).

On va au stade pour le match entre PSG et Union Berlin – c'est ______________ (11)! Je n'ai pas de ticket, c'est ______________ (12)!

J'aime bien ton T-shirt – il est ______________ (13). Je n'aime plus mon jean – il est ______________ (14).

Il est 6 heures – MacDo est encore ______________ (15) – il est ______________ (16) à 7h 30.

On s'amuse avec la bédé „ Astérix"– elle est ______________ (17). Le film avec Elsa (la reine des neiges) est un peu ______________ (18).

Regarde tes adjectifs – tout est ______________ (19) ? Si quelques mots sont ______________ (20), corrige-les ! (Il y a les solutions en bas de la page ☺)

Solutions :
1/ensemble – 2/seul – 3/super – 4/nul – 5/à droite – 6/à gauche – 7/petit – 8/grand – 9/chaud – 10/froid – 11/cool – 12/bête – 13/joli – 14/moche – 15/fermé – 16/ouvert – 17/drôle – 18/triste – 19/correct – 20/faux

INFORMATIONEN FÜR DIE LEHRKRAFT

Kompetenzen: Verfügen über sprachliche Mittel/kommunikative Strategien

EINBETTUNG IN DEN LEHRPLAN

- 2. Lernjahr:

Die Schüler beschreiben bzw. paraphrasieren Wörter aus den Wortfeldern: *les animaux/les personnes familières/la ville* (**M2, M3, M4**)
weitere Vorkenntnisse zum Spiel:
Verwendung der Relativpronomen: *qui/que/où*

- 3. Lernjahr:

Die Schüler beschreiben, paraphrasieren bzw. definieren Wörter aus den Wortfeldern: *les métiers/les moyens de transport/la technologie* (**M5, M6, M7**)
weitere Vorkenntnisse zum Spiel:
Verwendung der Relativpronomen: *qui/que/où/dont*, der Präpositionen: *dans/sur/avec/par* und der zusammengesetzten Relativpronomen *lequel/laquelle*

SPIELANLEITUNG

Das Spiel *l'escargot des mots* wird auf einem Spielpan in der Form einer Schnecke, bestehend aus 7 Feldern (*cases*) gespielt (siehe **Spielpan M1**).
Die Lerngruppe wird dabei in **zwei Gruppen** (A/B) aufgeteilt. Im Wechsel zieht jeweils ein Schüler aus seiner Gruppe ein **Wortkärtchen** aus einem der o.g. Wortfeldern (siehe Kopiervorlagen **M 2/3/4/5/6/7** für die verschiedenen Wortfelder in unterschiedlichen Spielabläufen). Das dort vermerkte Wort soll der Schüler seinen Mitschülern so gut wie möglich auf Französisch erklären, sodass diese den gesuchten Begriff finden und damit ein Feld weiterziehen. Gelingt es seiner Gruppe nicht, kann die gegnerische Gruppe die Lösung geben und ein Feld vorrücken.
Die Gruppe, die als erste ans Ziel *(but)* gelangt, hat gewonnen.

STUNDENVERLAUF/METHODISCHE HINWEISE

Der **Spielplan** zum *escargot des mots* kann auf das Smartboard projiziert oder aber auch von der Lehrkraft auf das Whiteboard bzw. die Tafel gemalt werden.
Zur Darstellung des Spielstandes können die Buchstaben A/B farblich unterschiedlich jeweils in den Feldern markiert werden. Für das Whiteboard bzw. die Tafel eignen sich gut Magnete.
Die Spielkärtchen sind ausgeschnitten und vorzugsweise laminiert.

Die **Lehrkraft leitet das Spiel** und rhythmisiert den korrekten Ablauf beim Ziehen der Wortkärtchen durch jeweils nur einen Schüler, der den Begriff seinen Mitspielern weder zeigen noch nennen darf.
Vor dem Spielen ist es methodisch sinnvoll, **das ausgewählte Wortfeld zu reaktivieren** oder ggf. erst zu erarbeiten. Hier bietet sich eine vorbereitende Hausaufgabe an.
Vor allem müssen aber die **Strategien zu Worterklärungen** exemplarisch verdeutlicht und zunächst auch visualisiert werden (siehe dazu Beispiele **M 8**).
Die Spieldauer beträgt erfahrungsgemäß ca. 20–30 Minuten. Um die Dynamik des Spiels zu gewährleisten, sind deshalb auch nur 7 Spielfelder im Spielplan angelegt. Einen erkennbaren Lernerfolg in dieser Form der Wortschatzarbeit wird erzielt, indem insgesamt 90 Minuten eingeplant werden.

DIDAKTISCHE ÜBERLEGUNGEN

L'escargot des mots ermöglicht eine besonders **lerneffektive Festigung** vom thematischen Wortschatz. Gemäß den fachdidaktischen Erkenntnissen zum Aufbau des „**mentalen Lexikons**" werden Wörter in Wortfeldern Oberbegriffen zugeordnet und dadurch besser gelernt und behalten.
Des Weiteren werden durch die Umschreibung von Wörtern wichtige **Strategien zur Kommunikation** in der Fremdsprache gefördert, z. B. wenn die Sprachlernenden ein Wort nicht kennen und als *truc* umschreiben können, sodass das Verständnis mit dem Muttersprachler gesichert wird.
Selbstverständlich eignet sich dieses Spiel für alle möglichen Wortfelder, aber ebenso für die Wiederholung und Festigung des Vokabulars einer beliebigen Unterrichtseinheit.
Sind die **Umschreibungsstrategien** erst einmal **automatisiert** und der Ablauf des Spiels vertraut, können die Schüler es in Kleingruppen von sechs Schülern, jeweils drei pro Gruppe spielen und somit im „geschützten Raum" üben.

Der **Gebrauch der Relativpronomen** ist beim Spielen der vorgeschlagenen Wortfelder in einer **Progression** entsprechend dem authentischen Sprachgebrauch angelegt, d. h. im 2. Lernjahr von der einfachen, oftmals auch nur imitativen Verwendung von *qui* und *où*, zum eher seltener verwendeten *que* und dann im 3. Lernjahr folgen zusätzlich die Strategien mit den zusammengesetzten Relativpronomen *lequel/laquelle* sowie eventuell auch *dont*, das ebenso imitativ nur für bestimmte Wendungen wie z. B. *avoir besoin de* zu verwenden ist.
Weitere Umschreibungsstrategien wie ein Beispiel geben (*par exemple*), Synonyme (*un autre mot pour*) oder Antonyme (*le contraire de*) finden, sind ebenfalls möglich und erwünscht.

M1 SPIELPLAN

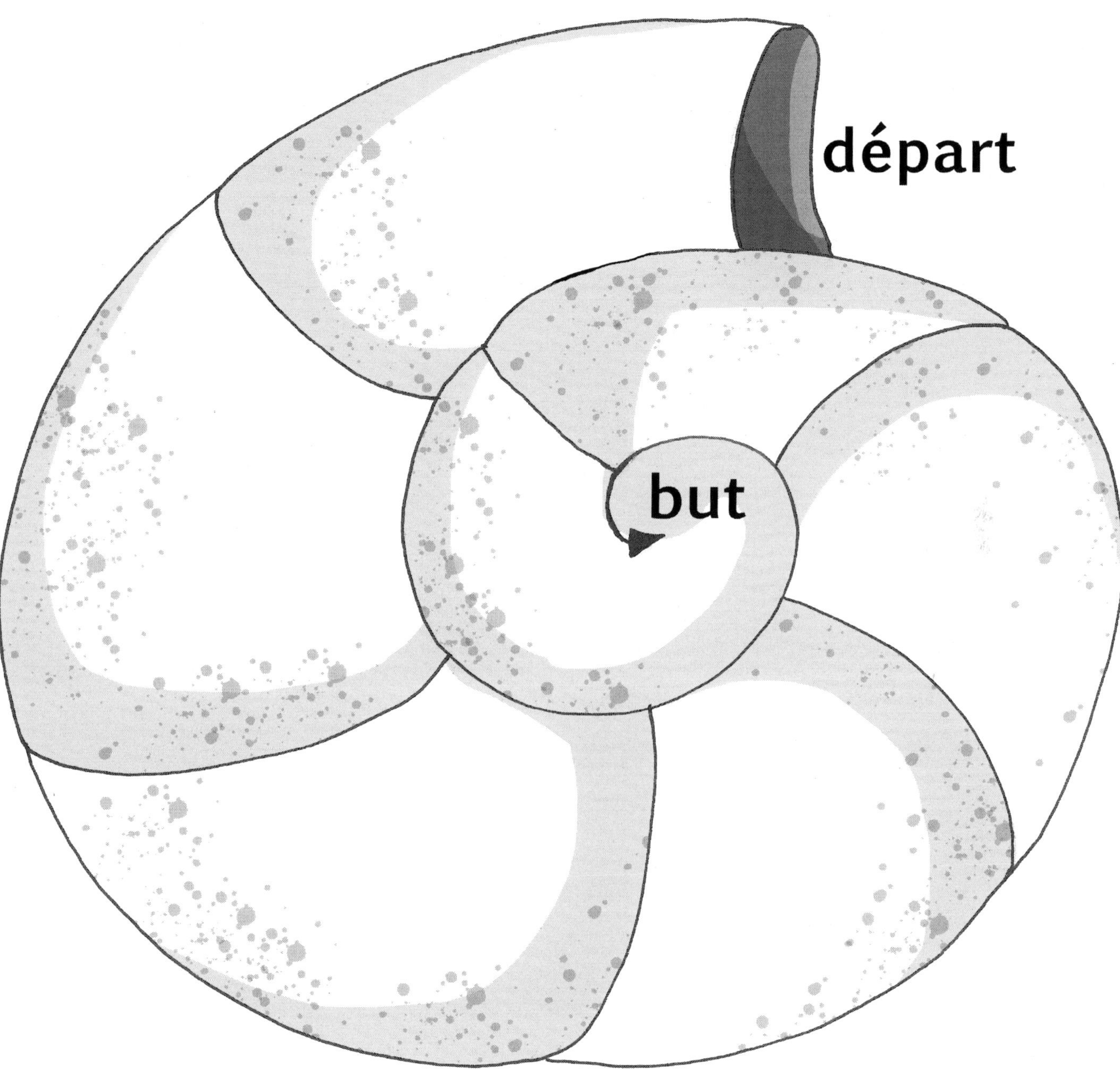

M2 LES ANIMAUX

le chat	le chien
le crocodile	la girafe
la vache	le lapin
le cheval	la souris
le rat	la perruche
le cochon d'Inde	l'éléphant
le lion	le singe
le tigre	le hérisson
le cerf	le sanglier
l'abeille	l'araignée

M3 LES PERSONNES FAMILIÈRES

les joueurs	l'ami(e)
l'auteur(e)	L'oncle
le copain	les élèves
les profs	le proviseur
le/la corres	la mamie
l'arrière grand-père	les jeunes
l'idole	la brute
l'invité(e)	les Français
le surveillant	la belle-mère
le rappeur	l'actrice

M4 LA VILLE

le café	l'hôpital
la mosquée	la rue
l'école	le stade
le boulevard	le musée
la piscine	le parc
le cinéma	les magasins
le gymnase	la rivière
l'église	la bibliothèque
le bistrot	la tour de télévision
le théâtre	la patinoire

M5 LES MÉTIERS

le/la pilote	*l'ingénieur(e)*
le médecin	*le dentiste*
le journaliste	*la vendeuse*
l'avocat(e)	*le/la commerçant(e)*
l'employé(e) de banque	*l'institutrice*
le/la réceptionniste	*le boulanger*
l'architecte	*le menuisier*
le mécanicien	*le policier*
l'interprète	*la serveuse*
le/la styliste	*le/la soignant(e)*

M6 LES MOYENS DE TRANSPORT

le voilier	*le fauteuil roulant*
la voiture	*le camion*
le bus	*le vélo*
le tram	*le métro*
le bateau	*le train*
la trottinette	*la moto*
le ferry	*la mobylette*
le téléphérique	*l'avion*
l'hélicoptère	*la planche à voile*
les skis	*le TGV*

M7 LA TECHNOLOGIE

l'ordinateur	le portable
le fixe	l'écran
le téléviseur	le clavier
la radio	la machine à laver
la caméra de surveillance	la lampe de poche
la calculatrice (de poche)	le lave-vaisselle
le chauffage central	la cuisinière
le four	la pompe à chaleur
la fusée	le kit mains-libres

M8

LES STRATÉGIES POUR EXPLIQUER LES MOTS EN FRANÇAIS

(Beispiele zur Umschreibung von Begriffen)

- 2. Lernjahr

les animaux

C'est **un animal**	qui	est petit/grand/drôle/sauvage/dangereux.
	qui	mange …/(n') aime (pas) …/vit …/dort …/chasse.
	qui	est la star dans le film „Ratatouille".
	que	tout le monde aime caresser/les filles adorent monter.
	que	les enfants aiment regarder au cirque/zoo.

Par exemple : C'est un très grand chat sauvage (le lion/le tigre).
C'est **un autre mot** pour un cochon sauvage (le sanglier).
C'est **le contraire** d'un petit animal (l'éléphant).

les personnes familières

C'est **une personne**	qui	fait du rap.
un homme	qui	est le père de votre grand-père.
une femme	qui	joue dans un film.
quelqu'un	que	tout le monde adore.
	que	tu invites chez toi.
	avec qui	tu corresponds.
Ce sont **des personnes**	qui	donnent des cours.

Par exemple : Napoléon, c'est … (un Français).
C'est **un autre mot** pour le directeur d'un collège (le proviseur).
C'est **le contraire** de personnes âgées/des vieux (les jeunes).

la ville

C' est **un immeuble**	où	on va pour/nager/regarder un match de foot/prier.
un endroit	où	il y a/des fleurs et des arbres/des profs et des élèves.
	où	les jeunes se rencontrent.
C'est **un bâtiment**	qui	est là pour les malades.
	que	l'on visite pour l'art.

Par exemple : „Le Cinéplex", c'est … (un cinéma).
C'est **un autre mot** pour une grande rue (le boulevard).

- 3. Lernjahr

les métiers

C'est **une personne**	qui	se trouve à la reception.
un homme	qui	fait du pain.
quelqu'un	chez qui	on va si on a mal aux dents.
	que	l'on rencontre au tribunal.
	dont	tu as besoin pour traduire.

Par exemple : C'est un artisan (le menuisier).
C'est **un autre mot** pour un agent de police (le policier).
C'est **le contraire** du garçon au restaurant (la serveuse).

M8

les moyens de transport

C'est **un moyen de transport** qui est le plus rapide.
un véhicule qui roule sur deux/quatre roues.
que l'on prend pour (traverser un fleuve).
sur lequel les jeunes vont/montent …
dans lequel on est assis/debout.
on peut manger et boire.
les passagers sont …

Par exemple : La „Kavasaki", c'est … (une moto).

C'est **un autre mot** pour une bicyclette (le vélo).

C'est **le contraire** d'une planche à roulettes (la planche à voile).

la technologie

C'est **un appareil** qui sert à téléphoner/surfer sur Internet/…
un engin que tout le monde utilise pour …
un truc sur lequel il y a des touches.
une machine avec laquelle on fait la cuisine.
dans laquelle on lave le linge.

Par exemple : I Phone, c'est … (un portable).

C'est **un autre mot** pour le téléphone à la maison (le fixe).